A anatomia *de um luto*

Tradução:

Francisco Nunes

A anatomia *de um luto*

C. S. LEWIS

Edição *especial* |

Título original: *A Grief Observed*

Copyright © 1961 by N. W. Clerk, restored 1996 C. S. Lewis Pte. Ltd. Preface by Douglas H. Gresham copyright © 1994 by Douglas H. Gresham. Foreword by Madeleine L'Engle copyright © 1989 by Crosswicks, Ltd. Edição original por HarperCollins Publishers. Todos os direitos reservados. Copyright de tradução © Vida Melhor Editora LTDA., 2021.

Os pontos de vista desta obra são de responsabilidade de seus autores e colaboradores diretos, não refletindo necessariamente a posição da Thomas Nelson Brasil, da HarperCollins Christian Publishing ou de sua equipe editorial.

Publisher	*Samuel Coto*
Editor	*André Lodos Tangerino*
Preparação	*Daila Fanny*
Revisão	*Davi Freitas* e *Francine Torres*
Diagramação	*Sonia Peticov*
Capa	*Rafael Brum*

Dados Internacionais de Catalogação na Publicação (CIP)

(BENITEZ CATALOGAÇÃO ASS. EDITORIAL, MS, BRASIL)

L652a
    Lewis, C.S, 1898-1963
    A anatomia de um luto / C.S. Lewis; tradução de Francisco Nunes. — 1.ed. —
Rio de Janeiro: Thomas Nelson Brasil, 2021.
    112 p.; 13,5 x 20,8 cm.

    Título original: *A grief observed*.
    ISBN 978-65-56892-22-1

1. Depressão.   2. Dor.   3. Luto — Aspectos religiosos.   4. Saúde mental.
5. Religião.   I. Nunes, Francisco.   II. Título.

05-2021/59   CDD: 259.6

Índice para catálogo sistemático:
1. Luto: Aspectos religiosos 259.6

Bibliotecária responsável: Aline Graziele Benitez CRB-1/3129

Thomas Nelson Brasil é uma marca licenciada à Vida Melhor Editora LTDA.

Todos os direitos reservados à Vida Melhor Editora LTDA.
Rua da Quitanda, 86, sala 601A — Centro
Rio de Janeiro — RJ — CEP 20091-005
Tel.: (21) 3175-1030
www.thomasnelson.com.br

A anatomia *de um luto*

Clive Staples Lewis (1898-1963) foi um dos gigantes intelectuais do século XX e provavelmente o escritor mais influente de seu tempo. Era professor e tutor de literatura inglesa na Universidade de Oxford até 1954, quando foi unanimemente eleito para a cadeira de Inglês Medieval e Renascentista na Universidade de Cambridge, posição que manteve até a aposentadoria. Lewis escreveu mais de 30 livros que lhe permitiram alcançar um vasto público, e suas obras continuam a atrair milhares de novos leitores a cada ano.

SUMÁRIO

Prefácio de Madeleine L'Engle	9
Introdução de Douglas H. Gresham	17
Um	31
Dois	45
Três	63
Quatro	87

PREFÁCIO

Quando *A anatomia de um luto* foi publicado pela primeira vez, sob o pseudônimo de N. W. Clerk, ganhei um exemplar de um amigo, e eu o li com grande interesse e considerável distância. Eu tinha lá meu casamento, três filhos pequenos e, embora sentisse grande empatia por C. S. Lewis em seu luto pela morte da esposa, naquela época isso estava tão longe de minha experiência que não me comovi profundamente.

Muitos anos mais tarde, após a morte de meu marido, outro amigo me enviou *A anatomia de um luto*, e eu o li, esperando um envolvimento maior do que havia ocorrido quando o li pela primeira vez. Partes do livro me tocaram fortemente, mas, no geral, minha experiência de luto e a de Lewis foram muito diferentes. Por um lado, quando C. S. Lewis se casou com Joy Davidman, ela estava no hospital. Ele sabia estar se casando com uma mulher que morria de câncer. E, embora tenha

A anatomia de um luto

havido a inesperada remissão, e alguns bons anos de alívio, a experiência de casamento dele foi apenas uma amostra, em comparação com meu casamento de quarenta anos. Ele havia sido convidado para a grande festa de casamento, e o banquete lhe fora rudemente roubado mal tinha ele provado os *hors d'oeuvres*.[1]

Para Lewis, essa privação repentina causou uma breve perda de fé. "Onde está Deus? [...] Vá até ele no auge de sua necessidade, quando todas as outras ajudas são em vão, e o que você encontra? Uma porta batida na sua cara."

A morte de um cônjuge após um casamento longo e gratificante é algo bem diferente. Talvez eu nunca tenha sentido mais intimamente a força da presença de Deus do que durante os meses em que meu marido esteve moribundo e depois de sua morte. Essa presença não eliminou a dor. A morte de uma pessoa amada é uma amputação. Mas quando duas pessoas se casam, cada uma tem de aceitar que uma morrerá antes da outra. Quando C. S. Lewis se casou com Joy Davidman, era quase certo que ela morreria primeiro,[2] a menos que

---

[1] Francês: "canapés, aperitivos". [Todas as notas de rodapé são do tradutor.]

[2] Lewis tinha quase 60 anos, e Joy, 40, quando se casaram em uma cerimônia civil em 23 de abril de 1956. Como Lewis queria que ele e a esposa tivessem a bênção da Igreja Anglicana (o que não

Prefácio

um acidente inesperado ocorresse. Ele se casou com uma iminente expectativa de morte, num testemunho extraordinário de amor, coragem e sacrifício pessoal. É de se considerar que uma morte que ocorre após um casamento pleno e uma extensão de vida razoável faça parte do maravilhoso assunto de nascer, amar, viver e morrer.

Ler *A anatomia de um luto* durante meu próprio luto me fez entender que cada experiência de luto é única. Sempre há certas semelhanças básicas: Lewis menciona a estranha sensação de medo, a constante garganta seca, o esquecimento. Talvez todos os cristãos sintam, como Lewis, um horror àqueles que dizem em qualquer tragédia: "Seja feita a Tua vontade", como se um Deus de amor nunca quisesse outra coisa senão o bem para nós, criaturas. Ele mostra impaciência com aqueles que tentam fingir que a morte não é importante para o cristão, uma impaciência que muitos de nós sentimos, por mais forte que seja nossa fé.

---

era possível, pois ela era divorciada), pediu ajuda a um sacerdote anglicano amigo, rev. Peter Bide, que supostamente tinha o dom de cura. Assim, no quarto de hospital em que Joy estava, em 21 de março de 1957, Bide ungiu-a com óleo e administrou-lhes os sacramentos do Santo Matrimônio e da Santa Comunhão. Permaneceram casados por quatro anos. Ela faleceu em 13 de julho de 1960. Lewis veio a falecer em 22 de novembro de 1963.

C. S. Lewis e eu partilhamos também do medo da perda de memória. Nenhuma fotografia pode, de fato, recuperar o sorriso do amado. Vez por outra, o vislumbre de alguém andando na rua — alguém vivo — movendo-se, agindo, irá atingir-nos com uma angústia de lembrança genuína. Mas nossas memórias, por mais preciosas que sejam, ainda são como peneiras, e elas inevitavelmente esvaem-se.

Como Lewis, eu também mantive um diário, dando continuidade a um hábito que começou quando eu tinha 8 anos. Mergulhar no diário faz muito bem; é uma forma de nos livrarmos da autocomiseração, da autocomplacência e do egocentrismo. O que elaboramos no diário não descontamos na família e nos amigos. Sou grato a Lewis pela honestidade de seu diário do luto, porque deixa bem claro que é permitido ao ser humano angustiar-se, que é normal, que não há nada errado nisso, e o cristão não está privado dessa resposta natural à perda. Lewis faz perguntas que todos fazemos: para onde vão, quando morrem, aqueles a quem amamos?

Lewis escreve: "Sempre fui capaz de orar por outros mortos, e ainda o faço, com alguma confiança.[3]

---

[3]Para conhecer o ponto de vista de Lewis sobre o controverso assunto, ver "Carta III" de *Cartas a Malcolm* (Rio de Janeiro: Thomas Nelson Brasil, 2019).

Prefácio

Mas, quando tento orar por H. [como ele chama Joy Davidman neste diário], eu hesito". Eu compreendo bem esse sentimento. O amado é tão parte de nós que não temos a perspectiva da distância. Como orar por aquilo que é parte de nosso coração?

Não temos respostas prontas. A igreja ainda é pré-copernicana em sua atitude com respeito à morte. A imagem medieval do céu e do inferno não foi substituída por nada mais realista ou mais amoroso. Talvez, para aqueles que estão convencidos de que apenas cristãos que pensem como eles são salvos e irão para o céu, as velhas ideias ainda sejam adequadas. Mas para a maioria de nós, cuja visão é a de um Deus de amor muito mais amplo e maior do que a do Deus tribal, que cuida apenas de seu pequeno grupo, é preciso mais. E esse mais é um salto de fé, uma certeza de que aquilo que foi criado com amor não será abandonado. O amor não cria e depois aniquila. Mas onde Joy Davidman está agora, ou onde meu marido está, nenhum sacerdote, nenhum ministro, nenhum teólogo pode colocar nos limitados termos do fato demonstrável. "Não fale comigo sobre os consolos da religião", escreve Lewis, "ou suspeitarei que lhe falta entendimento".

Pois os verdadeiros consolos da religião não são vicejantes e aconchegantes, mas confortadores no verdadeiro significado desta palavra: con-forto, com força.

A anatomia de um luto

Força para seguir vivendo e confiar que tudo de que Joy precisa, ou de que qualquer pessoa amada que morreu precisa, está sendo providenciado por aquele Amor que deu início a tudo. Lewis rejeita, com razão, aqueles que lhe dizem piamente que Joy está feliz agora, que ela está em paz. Não sabemos o que acontece após a morte, mas suspeito que todos nós ainda temos muito a aprender, e que aprender não é necessariamente fácil. Jung disse que não há vida sem dor,[4] e isso pode muito bem ser verdade no que diz respeito ao que acontece conosco após a morte. O importante é que não sabemos. Isso não está no reino das evidências. Está no reino do amor.

Também sou grata a Lewis por ter a coragem de, com raiva violenta, gritar, espernear com Deus, duvidar dele. Essa é uma parte do luto saudável que nem sempre é incentivada. Na verdade, é útil que C. S. Lewis, que tem sido um tão bem-sucedido apologista do cristianismo, tenha a coragem de admitir dúvidas sobre o que ele proclamou de forma tão esplêndida. Isso nos dá

---

[4]Carl Gustav Jung (1875—1961), psiquiatra e psicoterapeuta suíço, considerado o pai da psicologia analítica. A citação parece ser uma paráfrase de "There is no birth of consciousness without pain" [Não há nascimento da consciência sem dor], do ensaio "Marriage as a Psychological Relationship" [Casamento como um relacionamento psicológico], de 1925.

Prefácio

permissão para admitir nossas próprias dúvidas, nossas próprias raivas e angústias, e saber que elas fazem parte do crescimento da alma.

Assim, Lewis compartilha o próprio crescimento e as próprias percepções. "A perda não é a mutilação do amor conjugal, mas uma de suas fases regulares — como a lua de mel. O que queremos é viver o casamento bem e fielmente também durante essa fase." Sim, esse é o chamado do marido ou da esposa após a morte do outro.

Tenho fotos de meu marido no escritório, no quarto, agora, após sua morte, como eu as tinha por todo lado enquanto ele estava vivo, mas elas são ícones, não ídolos; minúsculos lampejos de lembranças, não coisas em si mesmas e, como diz Lewis, às vezes um bloqueio em vez de uma ajuda para a memória. "Toda a realidade é iconoclasta", escreve ele. "A amada terrena, mesmo nesta vida, triunfa incessantemente sobre a simples ideia que você tem dela. E você a quer assim; você a quer com toda a resistência, com todos os defeitos, com toda sua imprevisão. [...] E isso, não uma imagem ou memória, é o que ainda se deve amar, depois que ela morrer."

Isso é mais importante do que visitações de mortos, embora Lewis discuta essa possibilidade. Ao final, o que brilha nas últimas páginas de seu diário de luto é uma afirmação de amor, o amor dele por Joy e o amor dela por ele, e que esse amor está no contexto do amor de Deus.

A anatomia de um luto

Não se oferece nenhum consolo fácil ou sentimental, mas o propósito último do amor de Deus por todas as criaturas humanas é o amor. Ler *A anatomia de um luto* é compartilhar não apenas do luto de C. S. Lewis, mas também de sua compreensão de amor, e isso é, de fato, uma riqueza.

MADELEINE L'ENGLE[5]
Crosswicks, agosto de 1988

---

[5]Madeleine L'Engle (1918—2007), escritora norte-americana. Algumas de suas mais de sessenta obras foram publicadas no Brasil, como *Uma dobra no tempo*, *Um tempo aceitável*, *Um vento à porta* e *Um planeta em seu giro veloz* (todos pela HarperCollins Brasil).

INTRODUÇÃO

A anatomia de um luto não é um livro comum. Em certo sentido, nem é um livro; é, antes, o resultado apaixonado de um homem corajoso voltando-se para enfrentar e examinar sua agonia a fim de entender melhor o que nos é exigido para viver esta vida na qual devemos esperar a dor e a tristeza de perder aqueles a quem amamos. É verdade dizer que pouquíssimos homens poderiam ter escrito este livro, e é ainda mais verdadeiro dizer que ainda menos homens teriam escrito este livro mesmo se pudessem, e menos ainda o teriam publicado, mesmo que o tivessem escrito.

Meu padrasto, C. S. Lewis, já havia escrito sobre o tema da dor (*O problema da dor*, 1940), e dor era uma experiência com a qual ele estava familiarizado. Ele conheceu o luto quando criança: perdeu a mãe quando tinha 9 anos. Ele se enlutou por amigos que perdeu ao longo dos anos, alguns que se foram em

A anatomia de um luto

batalhas durante a Primeira Guerra Mundial; outros, por doenças.

Ele também escreveu sobre os grandes poetas e suas canções de amor, mas, de alguma forma, nem seu aprendizado nem suas experiências o haviam preparado para a combinação do grande amor e da grande perda que é seu contraponto: a sublime alegria que é encontrar e ganhar a companhia preparada por Deus, e o golpe esmagador, a perda, que é a corrupção de Satanás desse grande dom de amar e ser amado.

Quando alguém se refere a este livro durante uma conversa, muitas vezes tende a omitir, inadvertidamente ou por preguiça, o artigo indefinido presente no título. Não se deve fazer isso, pois o título descreve completa e detalhadamente o que o livro é e, portanto, expressa muito acuradamente seu valor real. Qualquer coisa intitulada "A anatomia do luto" teria de ser tão geral e inespecífica a ponto de ser acadêmica em seu enfoque e, portanto, de pouco uso para qualquer pessoa lidando ou vivenciando a perda.

Este livro, por outro lado, é um rigoroso relato das tentativas deliberadas de um homem para enfrentar e, por fim, derrotar a paralisia emocional do mais devastador luto de sua vida.

O que torna *A anatomia de um luto* ainda mais notável é que o autor foi um homem excepcional, e a

Introdução

mulher por quem ele pranteia, uma mulher excepcional. Ambos eram escritores, ambos eram academicamente talentosos, ambos eram cristãos comprometidos, mas terminam aqui as semelhanças. Fico fascinado como Deus às vezes reúne pessoas que estão tão distantes, de tantas maneiras, e as funde naquela homogeneidade espiritual que é o casamento.

Jack (C. S. Lewis) foi um homem cuja extraordinária erudição e habilidade intelectual o isolaram de grande parte da humanidade. Havia poucas pessoas entre seus pares que poderiam se igualar a ele no debate ou na discussão, e aqueles que poderiam quase inevitavelmente se viram atraídos um pelo outro em um grupo pequeno e intimamente ligado que ficou conhecido como "The Inklings", o qual nos deixou com um legado literário. J. R. R. Tolkien, John Wain, Roger Lancelyn-Green e Neville Coghill[1] estavam entre aqueles que frequentavam essas reuniões informais.

---

[1] John Ronuald Reuel Tolkien (1892—1973), professor universitário e escritor inglês, autor de *O Senhor dos Anéis*. John Wain (1925—1994), romancista, poeta, dramaturgo, crítico e biógrafo inglês. Roger Gilbert Lancelyn Green (1918—1987), biógrafo e autor de histórias infantis inglês. Foi aluno de Lewis, de quem escreveu uma biografia. Nevill Henry Kendal Aylmer Coghill (1899—1980), professor de literatura inglesa.

A anatomia de um luto

Helen Joy Gresham (Davidman era seu nome de solteira), a "H." mencionada neste livro, foi talvez a única mulher a quem Jack conheceu que era sua igual intelectualmente e também tão versada e vastamente instruída quanto ele. Eles compartilhavam outro fator em comum: ambos possuíam uma memória impressionante. Jack nunca se esqueceu de nada que houvesse lido, nem ela.

Jack foi criado como uma mistura de irlandês de classe média (ele veio de Belfast, onde seu pai era um advogado da corte policial) e inglês, no início do século 20 — uma época em que os conceitos de honra pessoal, compromisso total à palavra dada e os princípios gerais de cavalheirismo e boas maneiras ainda eram martelados no jovem britânico com muito mais intensidade do que o era qualquer outra forma de prática religiosa. Os escritos de E. Nesbit, Sir Walter Scott e talvez Rudyard Kipling[2] exemplificavam os padrões com os quais Jack foi doutrinado quando jovem.

Minha mãe, por outro lado, não poderia ter vindo de um ambiente mais divergente do dele. Filha da

---

[2] Edith Nesbit (1858—1924), poeta e autora de livros infantis inglesa. Também ativista política socialista. Walter Scott (1771—1832), romancista, poeta e historiados escocês, considerado o criador do romance histórico. Sua obra mais conhecida é *Ivanhoe*. Joseph Rudyard Kipling (1865—1936), escritor e poeta britânico, autor de *O livro da selva*.

Introdução

segunda geração de imigrantes judeus de classe média baixa — o pai ucraniano e a mãe de origem polonesa —, ela nasceu e foi criada no bairro do Bronx, na cidade de Nova York. As únicas semelhanças notáveis que podem ser encontradas ao comparar os primeiros progressos de ambos é que eles possuíam uma inteligência, de fato, surpreendente, combinada com talento acadêmico e memória eidética. Ambos vieram a Cristo pelo longo e difícil caminho que vai do ateísmo ao agnosticismo, e daí, por meio do teísmo, finalmente ao cristianismo, e ambos desfrutaram de notável sucesso na carreira de estudantes universitários. A de Jack foi interrompida por seu dever com seu país na Primeira Guerra Mundial, e a de minha mãe, por ativismo político e casamento.

Muito já foi escrito, tanto ficcional quanto factual (às vezes, um disfarçado de outro), sobre a vida deles, seu encontro e casamento, mas a parte mais importante da história a que se refere este livro é simplesmente um reconhecimento do grande amor que cresceu entre eles até ser uma incandescência quase visível. Eles pareciam caminhar juntos em um brilho criado pelos dois.

Para compreender pelo menos um pouco da agonia que este livro contém, e a coragem que ele demonstra, é preciso que, em primeiro lugar, reconheçamos tal amor entre eles. Quando eu era criança, observei essas duas

A anatomia de um luto

pessoas notáveis se unirem, primeiro como amigos, depois, em uma progressão incomum, como marido e mulher e, por fim, como pessoas que se amavam. Fiz parte da amizade; eu era um coadjuvante no casamento, mas fiquei de lado no tocante ao amor. Com isso, não quero dizer que eu tenha sido, de alguma forma, deliberadamente excluído, mas sim que o amor deles era algo de que eu não podia, e não devia, fazer parte.

Mesmo naquela época, no início de minha adolescência, eu fiquei de lado e observei o amor crescer entre os dois, e eu pude ficar feliz por eles. Era uma felicidade tingida de tristeza e medo, pois eu sabia, assim como Mãe e Jack, que aquele, o melhor dos tempos, seria breve e terminaria em aflição.

Eu ainda precisava aprender que todos os relacionamentos humanos terminam em dor — é o preço que nossa imperfeição permitiu que Satanás extorquisse de nós pelo privilégio do amor. Pude me valer da resiliência da juventude quando Mãe morreu; para mim haveria outros amores a encontrar e, sem dúvida, tempo de perdê-los ou de perder neles. Mas, para Jack, esse foi o fim de tantas coisas que a vida por tanto tempo lhe negara e depois lhe ofereceu brevemente, como uma promessa estéril. Para Jack, não havia nenhuma das esperanças (por mais vaga que me parecessem) de prados iluminados pelo sol, de luz da

Introdução

vida e de risos. Eu tinha Jack para me apoiar, o pobre Jack tinha só a mim.

Sempre quis ter a oportunidade de explicar uma pequena coisa que está neste livro e que revela um mal-entendido. Jack se refere ao fato de que, se ele mencionasse Mãe, eu sempre parecia estar constrangido, como se ele tivesse dito algo obsceno. Ele não entendeu, o que era muito incomum para ele. Eu tinha 14 anos quando Mãe morreu e era produto de quase sete anos de doutrinação da *British Preparatory School*.[3] A lição que aprendi com mais vigor durante todo aquele tempo foi que a coisa mais vergonhosa que poderia acontecer comigo seria ir às lágrimas em público. Meninos britânicos não choram. Mas eu sabia que se Jack falasse comigo sobre Mãe, eu choraria incontrolavelmente e, pior ainda, ele também choraria. Essa foi a fonte do meu constrangimento. Levei quase trinta anos para aprender a chorar sem sentir vergonha.

Este livro é um homem emocionalmente despido em seu próprio Getsêmani. Fala da agonia e do vazio de um luto como poucos de nós temos de suportar, pois, quanto maior o amor, maior a dor, e, quanto mais

---

[3]No sistema inglês de ensino, um tipo de escola que foi, em sua origem, voltada para o ensino de latim, mas, atualmente, equivale ao ensino fundamental.

A anatomia de um luto

forte a fé, mais ferozmente Satanás invadirá a fortaleza dela.

Quando Jack foi atormentado pela dor emocional de sua perda, ele também sofreu a angústia mental resultante de três anos vivendo em constante medo; a agonia física da osteoporose e de outras doenças; e a absoluta exaustão de passar as últimas semanas em cuidados constantes com a esposa, que morria. Sua mente distendeu-se sob uma tensão inimaginável, muito além de qualquer coisa que um homem inferior pudesse suportar; ele passou a escrever seus pensamentos e suas reações a eles, a fim de tentar ver algum sentido no caos rodopiante que lhe assaltava a mente. No momento em que os escrevia, não pretendeu que esses desabafos fossem publicados; mas, ao lê-los algum tempo depois, sentiu que poderiam muito bem ser de alguma ajuda para outros que eram igualmente afligidos pela turbulência de pensamento e sentimento que o luto nos impõe. Este livro foi publicado inicialmente sob o pseudônimo de N. W. Clerk. Em sua rigorosa honestidade e na simplicidade sem floreios, o livro tem um poder que é raro: é o poder da verdade descarada.

Para avaliar plenamente a profundidade de seu luto, acho importante entender um pouco mais as circunstâncias do primeiro encontro e do relacionamento inicial de Jack e Mãe. Minha mãe e meu pai (o romancista

Introdução

W. L. Gresham)[4] eram pessoas muito inteligentes e talentosas, e o casamente deles passou por vários conflitos e dificuldades. Mãe foi criada como ateia e se tornou comunista. Sua inteligência nata não permitiu que se deixasse enganar por muito tempo por aquela filosofia vazia, e (a essa altura, casada com meu pai) se viu procurando por algo que fosse menos pose e mais real.

Ao encontrar, em meio à leitura de uma ampla variedade de autores, a obra do escritor britânico C. S. Lewis, ela percebeu que, sob o verniz frágil e muito humano das igrejas organizadas do mundo, existe uma verdade tão real e tão imaculada que todas as posturas filosóficas inventadas pelo homem caem em ruínas diante dela. Percebeu também que ali estava uma mente de incomparável clareza. Como acontece com todos os novos convertidos, ela tinha perguntas, e escreveu para ele. As cartas dela foram de imediato notadas por Jack, pois também sinalizavam uma mente notável, e uma amizade por correspondência logo se desenvolveu.

Em 1952, Mãe trabalhava em um livro sobre os Dez Mandamentos (*Smoke on the Mountain* [Fumaça na montanha], Westminster Press, 1953) e, enquanto

---

[4]William Lindsay Gresham (1909—1962), romancista e autor de não ficção norte-americano. Pôs fim à vida, provavelmente por causa do diagnóstico de cegueira e de câncer de língua.

A anatomia de um luto

convalescia de uma doença grave, viajou para a Inglaterra, determinada a discutir o livro com C. S. Lewis. A amizade e os conselhos dele foram generosos, assim como os de seu irmão, W. H. Lewis,[5] um historiador e ele próprio um escritor de habilidade respeitável.

Ao retornar aos Estados Unidos, Mãe (agora uma completa anglófila) descobriu que seu casamento com meu pai havia acabado e, após o divórcio, fugiu para a Inglaterra comigo e com meu irmão. Moramos por um tempo em Londres e, embora cartas tenham sido trocadas, Jack não visitava nossa casa; ele raramente ia a Londres, que era uma cidade da qual não gostava, e Mãe e ele eram apenas amigos intelectuais na época, embora tenhamos recebido, como muitas outras pessoas, uma ajuda financeira considerável provinda de seu fundo especial de caridade.

Mãe achava Londres um lugar deprimente para morar e queria ficar perto de seu círculo de amigos em Oxford, que incluía Jack, seu irmão "Warnie" e pessoas como Kay e Austin Farrer.[6] Acho muito simplista e

---

[5]Warren Hamilton Lewis (1895—1973), historiador irlandês e oficial do Exército Britânico. Fez parte do grupo "The Inklings" e foi secretário do irmão nos últimos anos da vida deste.

[6]Austin Marsden Farrer (1904—1968), filósofo e teólogo anglicano inglês. Kay era o apelido de sua esposa, Katharine Dorothy Newton (1911—1972), escritora.

Introdução

muito hipotético dizer que seu único motivo para se mudar era estar perto de Jack, mas certamente esse foi um fator que contribuiu.

Nosso curto período em Headington, nos arredores de Oxford, parecia ser o início de tantas coisas que poderiam ter sido maravilhosas. Nossa casa era frequentemente visitada por bons amigos e era palco de muitos debates intelectuais animados. Foi também nessa época que o relacionamento entre Jack e Mãe começou a se redefinir.

Acho que Jack resistiu ao profundo apego emocional à minha mãe, do qual começou a estar ciente, principalmente porque era algo que ele; de modo equivocado, supunha ser estranho à sua natureza. A amizade deles em um nível platônico era conveniente e não causava agitações em sua plácida superfície existencial. No entanto, ele foi forçado não apenas à consciência interior de seu amor por ela, mas também a reconhecê-lo publicamente pela repentina percepção de que estava prestes a perdê-la.

Parece quase cruel que a morte dela tenha sido protelada o bastante para que ele passasse a amá-la tão completamente a ponto de encher seu mundo como o maior presente que Deus já lhe havia dado, e então ela morreu e o deixou sozinho nesse lugar que sua presença na vida dele criou.

A anatomia de um luto

O que muitos descobrem nessa manifestação de angústia é que sabem exatamente do que ele está falando. Aqueles que trilharam esse mesmo caminho, ou o estão percorrendo enquanto leem este livro, descobrem que, afinal, não estão tão sozinhos quanto pensavam.

C. S. Lewis, o escritor de muitas coisas tão claras e tão corretas, o pensador cuja acuidade de espírito e clareza de expressão nos capacitou a compreender tanto, esse cristão forte e determinado, precipitou-se também no vórtice de pensamentos e sentimentos rodopiantes, e vertiginosamente tateou por apoio e orientação nas profundezas do escuro abismo do luto. Como eu gostaria que ele tivesse sido abençoado com um livro como este. Se não encontramos conforto no mundo ao nosso redor, e nenhum consolo quando clamamos a Deus, se este livro não fizer nada mais por nós, pelo menos nos ajudará a enfrentar nosso luto e a "desentender um pouco menos completamente".

Para leitura adicional, recomendo *Jack: C. S. Lewis and His Times* [Jack: C. S. Lewis e sua época], de George Sayer (Harper & Row, 1988; Crossway Books), como a melhor biografia disponível de C. S. Lewis; a biografia de minha mãe escrita por Lyle Dorsett, *And God Came In* [E Deus entrou] (Macmillan, 1983); e também, talvez um tanto imodestamente, para uma visão de nossa

Introdução

vida familiar pelo lado de dentro, meu próprio livro, *Lenten Lands* [Terras quaresmais] (Macmillan, 1988; HarperSanFrancisco, 1994).

Douglas H. Gresham[7]

---

[7]Douglas Howard Gresham (1945), ator, biógrafo e produtor de filmes anglo-americano.

Um

Nunca me disseram que o luto se parecia tanto com o medo. Não estou com medo, mas a sensação é como estar com medo. A mesma agitação no estômago, a mesma inquietação, o bocejo. Eu continuo com a garganta seca.

Outras vezes, é como se eu estivesse ligeiramente bêbado ou tivesse recebido uma pancada na cabeça. Há uma espécie de manto invisível entre o mundo e eu. Acho difícil entender o que alguém diz. Ou talvez, é difícil querer entender. É tão desinteressante. No entanto, quero que os outros estejam perto de mim. Eu receio os momentos em que a casa está vazia. Se ao menos falassem uns com os outros, e não comigo.

Há momentos, de forma mais inesperada, que algo dentro de mim tenta me assegurar de que eu, afinal de contas, realmente não me importo tanto, não tanto assim. O amor não é tudo na vida de um homem. Eu era feliz antes de conhecer H. Tenho em profusão o

A anatomia de um luto

que as pessoas denominam "recursos". Elas superam essas coisas. "Ah, eu não vou me sair tão mal", diz uma voz. Causa vergonha ouvi-la, mas, por um momento, ela parece estar fazendo alguma coisa boa. Então, vem um golpe súbito de memória incandescente, e todo esse "senso comum" desaparece como uma formiga na boca de uma fornalha.

No rebote, a pessoa cai em lágrimas e sofrimento. Lágrimas embriagadas. Quase prefiro os momentos de agonia. Esses, pelo menos, são limpos e honestos. Mas o banho de autocomiseração, o sentir-me infeliz sem motivo real, o repugnante prazer pegajoso e doce de ceder — isso me enoja. E, mesmo enquanto o faço, sei que isso me leva a representar mal a própria H. É dar liberdade a esse estado de espírito e, em poucos minutos, terei substituído a mulher real por uma mera boneca, sobre a qual vou me debulhar em lágrimas. Graças a Deus, a memória dela ainda é muito forte (será sempre muito forte?) para me deixar fazer isso.

Pois H. não era nada disso. Sua mente era ágil e rápida e musculosa como um leopardo. Paixão, ternura e dor foram igualmente incapazes de desarmá-la. Ao sentir o primeiro cheiro de hipocrisia ou de conversa boba, sua mente saltava e nocauteava o interlocutor antes que ele soubesse o que estava acontecendo. Quantas bolhas minhas ela furou! Eu logo aprendi a

Um

não falar asneiras com ela, a menos que fosse pelo puro prazer — e lá vinha outro golpe incandescente — de ser exposto e ridicularizado. Nunca fui mais tolo do que quando amava H.

E ninguém nunca me falou sobre a preguiça do luto. Exceto em meu trabalho, em que a máquina parece funcionar como de costume, eu detesto o menor esforço. Não só escrever, mas até ler uma carta é demais. Mesmo fazer a barba. O que importa agora se minha bochecha está áspera ou lisa? Dizem que um homem infeliz deseja distrações, algo que o tire de si mesmo. É como um homem exausto, que precisa de um cobertor extra em uma noite fria: ele prefere ficar lá tiritando do que se levantar e encontrar um. É fácil ver porque o solitário se torna desmazelado, por fim, sujo e nojento.

Enquanto isso, onde está Deus? Esse é um dos sintomas mais inquietantes. Quando você está feliz, tão feliz que não tem a sensação de precisar dele, tão feliz que é tentado a sentir como uma interrupção as reivindicações dele a seu respeito, se você se lembrar e se voltar para ele com gratidão e louvor, você será — ou é o que sinto — recebido de braços abertos. Mas vá a ele quando sua necessidade é desesperadora, quando todas as outras ajudas são vãs, e o que você encontra? Uma porta batida na sua cara e um som de tranca,

A anatomia de um luto

assim como o som da segunda tranca do lado de dentro. Depois disso, silêncio. Você também pode se afastar. Quanto mais você esperar, mais enfático se tornará o silêncio. Não há luzes nas janelas. Talvez seja uma casa vazia. Já foi habitada? Uma vez pareceu ter sido sim. E essa impressão era tão forte quanto a de agora. O que isso significa? Por que ele é um comandante tão presente em nossos tempos de prosperidade e uma ajuda tão ausente em tempos de angústia?

Tentei transmitir alguns desses pensamentos a C. esta tarde. Ele me lembrou que a mesma coisa parece ter acontecido com Cristo: "Por que me abandonaste?".[1] Eu sei. Isso facilita entender alguma coisa?

Não que eu esteja (eu acho) correndo o risco de deixar de crer em Deus. O risco real é passar a crer em coisas horrorosas sobre ele. A conclusão que temo não é: "Então, Deus não existe, afinal de contas", mas: "Então, é assim que Deus realmente é. Não se engane mais".

Os mais antigos se renderam e disseram: "Faça-se a tua vontade".[2] Quantas vezes o ressentimento amargo foi sufocado por puro terror; e um ato de amor — sim, em todos os sentidos, um ato — foi usado para esconder a operação?

---

[1] Mateus 27:46.
[2] Mateus 26:42.

Um

Sem dúvida, é muito fácil dizer que Deus parece ausente em nossas maiores necessidades porque ele *está* ausente — não existente. Mas por que, então, ele parece tão presente quando, para ser muito franco, não o chamamos?

Uma coisa, entretanto, o casamento fez por mim. Jamais poderei acreditar novamente que a religião é fabricada a partir de nossos desejos inconscientes e ardorosos e que é um substituto para o sexo. Naqueles poucos anos, H. e eu nos deleitamos com o amor, em todos os seus modos: solene e alegre, romântico e realista, às vezes tão dramático quanto uma tempestade, às vezes tão confortável e suave quanto calçar chinelos macios. Nenhuma fenda do coração ou do corpo ficou insatisfeita. Se Deus fosse um substituto para o amor, deveríamos ter perdido todo o interesse nele. Quem se importaria com substitutos quando se tem a própria coisa? Mas não é isso que acontece. Nós dois sabíamos que queríamos algo além um do outro — um tipo bem diferente de algo, um tipo bem diferente de querer. Você pode muito bem dizer que, quando os que se amam têm um ao outro, eles nunca vão querer ler ou comer — ou respirar.

Depois da morte de um amigo, anos atrás, tive, por algum tempo, a mais vívida sensação de certeza sobre a continuidade de sua vida; até mesmo de sua vida aprimorada. Tenho implorado para receber pelo menos

A anatomia de um luto

uma centésima parte da mesma garantia sobre H. Não há resposta. Apenas a porta trancada, a cortina de ferro, o vácuo, o zero absoluto. "Pois todos os que pedem não recebem." Fui tolo em pedir. Pois agora, mesmo que essa garantia viesse, eu deveria desconfiar dela. Devo considerá-la uma auto-hipnose induzida por minhas próprias orações.

Seja como for, devo manter-me afastado dos espiritualistas. Prometi a H. que o faria. Ela sabia algo sobre esses círculos.

Manter promessas aos mortos, ou a qualquer outra pessoa, é muito bom. Mas começo a ver que "respeitar os desejos dos mortos" é uma armadilha. Ontem, foi por pouco que eu não disse "H. não teria gostado disso" diante de alguma ninharia. Isso é injusto com os outros. Eu logo estaria usando "o que H. teria gostado" como um instrumento de tirania doméstica, com seus supostos gostos se tornando um disfarce cada vez mais tênue para os meus.

Não posso falar sobre ela com os meninos.[3] No momento em que tento, o rosto deles não transparece nem luto, nem amor, nem medo, nem pena, mas o mais fatal de todos os não condutores: o constrangi-

---

[3]Joy tinha outro filho, de nome David Lindsay Gresham (1944–2014), além de Douglas.

mento. Eles olham como se eu estivesse cometendo uma indecência. Eles ficam angustiados para que eu pare. Senti o mesmo depois da morte de minha mãe, quando meu pai a mencionava. Não posso culpá-los. Garotos são assim.

Às vezes penso que a vergonha, mera vergonha desajeitada e sem sentido, contribui tanto para impedir boas ações e felicidade direta quanto qualquer um de nossos vícios pode fazer. E não apenas na infância.

Ou os garotos estão certos? O que a própria H. pensaria deste terrível caderninho para o qual volto e volto? Estas anotações são mórbidas? Certa vez, li a frase: "Passei a noite inteira acordado com dor de dente, pensando sobre dor de dente e sobre ficar acordado". É verdade com respeito à vida. Parte de todo tormento é, por assim dizer, a sombra ou o reflexo do tormento: o fato de que você não apenas sofre, mas tem de continuar pensando no fato de que você sofre. Eu não apenas vivo cada interminável dia no luto, mas vivo cada dia pensando em viver cada dia no luto. Estas notas apenas agravam esse lado do luto? Apenas confirmam a marcha monótona e árdua da mente em torno de um assunto? Mas o que devo fazer? Devo fazer uso de alguma droga, e ler não é uma droga suficientemente forte agora. Ao anotar tudo (tudo? Não: um pensamento em cem), acredito que consigo sair um pouco disso. É assim que

A anatomia de um luto

eu defenderia o ponto para H. Mas aposto dez para um que ela veria uma brecha na defesa.

Não são só os garotos. Um estranho subproduto da minha perda é que tenho consciência de ser um constrangimento para todos que encontro. No trabalho, no clube, na rua, vejo as pessoas, ao se aproximarem de mim, tentando decidir se vão "falar alguma coisa" ou não. Eu odeio se elas falam, e se elas não falam. Alguns se esquivam completamente. R. está me evitando há uma semana. Gosto mais dos rapazes bem-educados, quase meninos, que se aproximam de mim como se eu fosse um dentista, ficam muito vermelhos, passam direto e depois saem de fininho para o bar o mais rápido que decentemente podem. Talvez os enlutados devam ser isolados em assentamentos especiais, como os leprosos.

Para alguns, sou pior do que um constrangimento. Eu sou uma cabeça da morte. Sempre que encontro um casal feliz, posso sentir os dois pensando: "Um ou outro de nós, um dia, vai ficar como ele está agora".

No início, tive muito medo de ir a lugares aos quais H. e eu fomos felizes: nosso *pub* favorito, nosso bosque favorito. Mas decidi fazer isso de uma vez, como reenviar um piloto aos céus o mais rápido possível depois de ele ter sofrido um acidente. Inesperadamente, não faz diferença. A ausência dela é tão enfática nesses lugares como em qualquer outro. Não é o local, de forma alguma. Suponho que, se fosse proibido todo sal, ele não se notaria muito mais em um alimento do que em outro. O comer, de modo geral, seria diferente, a cada dia, a cada refeição. É mais ou menos isso. O ato de viver é diferente por completo. A ausência dela é como o céu, espalhado sobre tudo.

Mas não, não é exatamente assim. Há um lugar em que a ausência dela fica especialmente perto de mim, e é um lugar que não posso evitar. Eu me refiro a meu corpo. Ele tinha outra importância enquanto era o corpo daquele que amava H. Agora, é como uma casa vazia. Mas não deixe que eu me engane. Este corpo se tornaria importante para mim outra vez, e muito rapidamente, se eu pensasse que havia algo de errado com ele.

Câncer e câncer e câncer. Minha mãe, meu pai, minha esposa. Eu me pergunto quem é o próximo na fila.

Mesmo assim, a própria H., morrendo disso e bem ciente do fato, disse que havia perdido grande parte de seu antigo horror à doença. Quando a realidade chegou, o nome e a ideia foram, em algum grau, desarmados. E até certo ponto, eu quase entendi. Isso é importante. Ninguém encontra apenas Câncer, ou Guerra ou Infelicidade (ou Felicidade). Só encontra cada hora ou momento que chega. Todo tipo de altos e baixos. Muitos pontos ruins em nossos melhores momentos, muitos bons em nossos piores. Ninguém obtém o

A anatomia de um luto

impacto total do que chamamos de "a coisa propriamente dita". Mas a chamamos de forma errada. A coisa em si é simplesmente todos esses altos e baixos: o resto é um nome ou uma ideia.

É incrível quanta felicidade, mesmo quanta folia, por vezes tivemos juntos depois que toda esperança se havia ido. Quão tranquilamente, quão acalentadoramente, quanto conversamos naquela última noite!

No entanto, não estávamos exatamente juntos. Há um limite para o "uma só carne". Você não pode realmente compartilhar a fraqueza, o medo ou a dor de outra pessoa. O que você sente pode ser ruim. Pode ser concebível que seja tão ruim quanto o que o outro sentiu, embora eu devesse desconfiar de qualquer pessoa que afirmasse que sim. Mas ainda seria bem diferente. Quando falo de medo, refiro-me ao medo meramente animal, ao ato de o organismo recuar de sua destruição; a sensação sufocante; a sensação de ser um rato em uma ratoeira. Isso não se pode transferir. A mente pode simpatizar-se; o corpo, menos. De certa forma, os corpos dos amantes podem fazê-lo ainda menos. Todas as suas ocasiões de amor os treinaram a ter sentimentos não idênticos, mas complementares, correlativos e até mesmos opostos um pelo outro.

Nós dois sabíamos disso. Eu tive minhas misérias, não as dela; ela tinha as suas, não as minhas. O fim

Um

das dela seria o amadurecimento das minhas. Partíamos por estradas diferentes. Essa verdade fria, esse terrível redirecionamento do trânsito ("Você, senhora, à direita; você, senhor, à esquerda") é apenas o começo da separação que é a própria morte.

E essa separação, suponho, espera por todos. Tenho pensado em H. e em mim como particularmente infelizes por termos sido separados à força. Mas é provável que todos os que se amam o sejam. Certa vez, ela me disse: "Mesmo se nós dois morrêssemos exatamente no mesmo momento, enquanto estivéssemos aqui lado a lado, seria uma separação tanto quanto aquela de que você tem tanto medo". Claro que ela não *sabia*, tanto quanto eu. Mas ela estava perto da morte; perto o suficiente para dar um palpite mais acertado. Ela costumava citar "Alone into the Alone".[4] Ela disse que se sentia assim. E é extremamente improvável que fosse de outra forma! Tempo, espaço e corpo eram exatamente as coisas que nos uniam; os fios telefônicos pelos quais nos comunicamos. Corte um ou corte ambos simulta-

---

[4]Aparentemente, uma paráfrase do verso "Alone into the great alone" [Sozinho na direção da grande solidão] do poema "The Witch" [A bruxa], de Lewis, publicado em *Spirits in Bondage — A Cycle of Lyrics* [Espíritos em prisão — Uma coleção de poemas líricos]. O livro foi lançado sob o pseudônimo de Clive Hamilton, em 1919.

A anatomia de um luto

neamente — de um jeito ou de outro, a conversa não irá parar?

A menos que você presuma que outros meios de comunicação — totalmente diferentes, mas fazendo o mesmo trabalho — serão imediatamente substituídos. Mas, então, qual argumento se pode conceber para danificar os antigos meios? Deus é um palhaço que empurra sua tigela de sopa em um momento para, no momento seguinte, substituí-la por outra tigela da mesma sopa? Mesmo a natureza não é um palhaço desse tipo. Ela nunca toca a mesma música duas vezes.

É difícil ter paciência com pessoas que dizem: "A morte não existe" ou: "A morte não importa". A morte existe. E tudo o que existe importa. E tudo que acontece tem consequências, e tanto um como o outro são irrevogáveis e irreversíveis. Você também pode dizer que o nascimento não importa. Eu olho para o céu noturno. Há algo mais certo do que, em todos aqueles vastos tempos e espaços, se eu pudesse vasculhá-los, não encontraria em lugar algum o rosto, a voz, o toque dela? Ela morreu. Está morta. Será essa palavra tão difícil de se aprender?

Não tenho nenhuma fotografia dela que seja boa. Não consigo nem ver seu rosto claramente em minha imaginação. No entanto, o rosto incomum de algum estranho visto no meio da multidão pela manhã pode vir a mim

Um

em vívida perfeição no momento em que fecho os olhos esta noite. Sem dúvida, a explicação é bastante simples. Vimos o rosto daqueles a quem conhecemos bem de maneira tão variada, de tantos ângulos, sob tantas luzes, com tantas expressões — acordando, dormindo, rindo, chorando, comendo, conversando, pensando — que todas as impressões se aglomeram em nossa memória e cancelam-se em um mero borrão. Mas a voz dela ainda está viva. A voz relembrada — que pode me transformar a qualquer momento em uma criança chorona.

Dois

Pela primeira vez, voltei os olhos e li estas notas. Elas me assustam. Pelo modo como tenho falado, qualquer pessoa pensaria que me importo com a morte de H. principalmente pelo efeito que causou em mim. A perspectiva que ela tinha das coisas parece ter sumido de vista. Teria eu me esquecido do momento de amargura em que ela gritou: "E havia tanto pelo que viver"? A felicidade não lhe apareceu no início da vida. Mil anos desta não a teriam deixado *blasée*.[1] Seu paladar para todas as alegrias dos sentidos, do intelecto e do espírito era intocado e cheio de frescor. Nada teria sido um desperdício para ela. Ela gostava de mais coisas e gostava delas mais do que qualquer pessoa que conheci. Uma fome nobre, há muito insatisfeita, finalmente encontrou

---

[1]Francês: "indiferente, insensível; entediada".

A anatomia de um luto

seu alimento adequado e, quase instantaneamente, o alimento lhe foi tirado. O destino (ou o que quer que seja) delicia-se em produzir uma grande capacidade e, então, frustrá-la. Beethoven ficou surdo. Pelos nossos padrões, uma piada de mau gosto; uma pegadinha maldosa de um desprezível imbecil.

Devo pensar mais em H. e menos em mim mesmo.

Sim, isso soa muito bem. Mas há um empecilho. Estou pensando nela quase sempre. Pensar nos fatos de H. — suas palavras, seus olhares, seus risos e suas ações reais. Mas é minha própria mente que os seleciona e agrupa. Menos de um mês após sua morte, já posso sentir o início lento e insidioso de um processo que fará da H. na qual penso uma mulher cada vez mais imaginária. Com base em fatos, sem dúvida. Não vou acrescentar nada fictício (ou espero que não). Mas a composição não se tornará inevitavelmente cada vez mais minha? A realidade não está mais aí para me monitorar, para me repreender, como a H. real tantas vezes fazia, tão inesperadamente, por ser tão ela mesma e não eu.

O presente mais precioso que o casamento me deu foi esse constante impacto de algo muito próximo e íntimo, mas o tempo todo inconfundivelmente outro, resistente — em uma palavra: real. Todo esse trabalho tem de ser desfeito? Será que o que ainda

Dois

chamarei de H. vai afundar horrivelmente em tornar-se não muito mais do que um de meus velhos e impossíveis sonhos de solteiro? Ó minha querida, minha querida, volte por um momento e afaste aquele miserável fantasma. Ó Deus, Deus, por que tu te deste ao trabalho de forçar essa criatura a sair de sua concha se agora ela está condenada a rastejar de volta — a ser sugada de volta — para dentro?

Hoje tive de encontrar um homem a quem eu não via há dez anos. Ao longo desse tempo, pensei que me lembrava bem dele: como era sua aparência, como ele falava e o tipo de coisas que dizia. Os primeiros cinco minutos do homem real destruíram completamente a imagem. Não que ele houvesse mudado. Pelo contrário. Eu continuei pensando: "Sim, claro, claro. Eu tinha esquecido que ele pensava isso, ou que não gostava daquilo, ou conhecia fulano de tal ou jogava a cabeça para trás daquela maneira". Eu já sabia de todas essas coisas e as reconheci no momento que as encontrei novamente. Mas todas elas haviam se desvanecido em minha imagem mental do homem e, quando foram substituídas pela presença real dele, o efeito total foi surpreendentemente diferente da imagem que carreguei comigo durante aqueles dez anos. Como posso esperar que isso não aconteça com a memória que tenho de H.? Que isso já não esteja acontecendo?

A anatomia de um luto

Lentamente, silenciosamente, como flocos de neve —
como os pequenos flocos que vêm quando está para
nevar a noite toda —, pequenos flocos de mim, minhas
impressões, minhas seleções, estão se depositando sobre
a imagem dela. A forma real ficará bem escondida no
final. Dez minutos — dez segundos — da verdadeira H.
corrigiriam tudo isso. No entanto, mesmo que esses dez
segundos me fossem concedidos, um segundo depois os
pequenos flocos começariam a cair novamente. O cheiro
áspero, agudo e purificador de sua alteridade se foi.

Que hipocrisia lamentável dizer: "Ela viverá para
sempre em minha memória!". *Viverá?* Isso é exatamente
o que ela não fará. Você também poderia pensar, como os
antigos egípcios, que pode preservar os mortos, embal-
samando-os. Nada irá nos persuadir de que se foram?
O que sobrou? Um cadáver, uma memória e (em algumas versões) um fantasma. Tudo zombaria ou horror.
Mais três maneiras de definir a palavra *morto*. Era a H.
a quem eu amava. Como se eu quisesse me apaixonar
pela memória que tenho dela, uma imagem em minha
própria mente! Isso seria uma espécie de incesto.

Lembro-me de ter ficado bastante horrorizado
numa manhã de verão, há muito tempo, quando um tra-
balhador corpulento e alegre, carregando uma enxada
e um regador, adentrou em nosso adro e, ao puxar o
portão atrás de si, gritou por cima do ombro para dois

Dois

amigos: "Vejo vocês depois! Vou visitar a mamãe". Ele queria dizer que iria capinar e regar e fazer a arrumação geral do túmulo dela. Fiquei horrorizado porque esse tipo de sentimento, todas essas coisas de cemitério, era e é simplesmente odioso, até mesmo inconcebível, para mim. Mas, à luz de meus pensamentos recentes, estou começando a me perguntar se, caso alguém possa seguir o raciocínio daquele homem (eu não posso), há algo a ser dito sobre isso. Um canteiro de flores de dois metros por um se tornou a mamãe. Esse era símbolo dela para ele, seu vínculo com ela. Cuidar do canteiro era visitá-la. De alguma forma, isso não seria melhor do que preservar e acariciar uma imagem na própria memória? O túmulo e a imagem são igualmente vínculos com o irrecuperável e símbolos do inimaginável. Mas a imagem tem a desvantagem adicional de fazer o que você quiser. Ela vai sorrir ou franzir a testa, ser terna, alegre, grosseira ou argumentativa, conforme exigir o humor de quem lembra. É uma marionete cujas cordas você segura. Ainda não, claro. A realidade ainda é muito recente; lembranças genuínas e totalmente involuntárias ainda podem, graças a Deus, a qualquer momento invadir e arrancar as cordas de minhas mãos. Mas a obediência fatal da imagem, sua insípida dependência de mim, tende a aumentar. O canteiro de flores, por outro lado, é um pedaço de realidade obstinado,

A anatomia de um luto

resistente e, muitas vezes, intratável, assim como a mamãe, sem dúvida, foi durante a vida. Como H. era.

Ou como H. é. Posso honestamente dizer que acredito que ela, agora, seja algo? A maioria das pessoas que encontro, digamos, no trabalho, certamente pensaria que ela não é. Embora, naturalmente, não insistiriam nisso. Não agora, de qualquer modo. O que eu realmente acho? Sempre fui capaz de orar por outros mortos, e ainda o faço, com alguma confiança.[2] Mas, quando tento orar por H., eu hesito. Confusão e perplexidade tomam conta de mim. Tenho uma horrível sensação de irrealidade, de falar no vácuo sobre uma não entidade.

A razão para a diferença é muito clara. Você nunca sabe o quanto realmente acredita em algo até que a verdade ou a falsidade desse algo se torne uma questão de vida ou morte para você. É fácil dizer que você acredita que uma corda é forte e sem defeito, desde que você a esteja usando apenas para amarrar uma caixa. Mas suponha que você tenha de se pendurar por aquela corda sobre um precipício. Você não descobriria então o quanto de fato confiava nela? O mesmo acontece com as pessoas. Por anos, eu teria dito que tinha perfeita confiança em B. R. Então, chegou o momento em que

---

[2]Ver nota 3 no "Prefácio".

Dois

tive de decidir se confiaria ou não a ele um segredo realmente importante. Essa situação lançou uma nova luz sobre o que chamei de minha "confiança" nele. Descobri que tal coisa não existia. Somente um risco real testa a realidade de uma crença. Aparentemente, a fé (eu pensei que era fé) que me permite orar por outros mortos parecia forte apenas porque eu nunca me importei de verdade, não desesperadamente, com o fato de eles existirem ou não. No entanto, eu pensava que sim.

Mas existem outras dificuldades. "Onde ela está agora?" Ou seja, *em que lugar* ela está *neste exato momento?* Mas se H. não é um corpo — e o corpo que amei certamente não é mais ela —, ela não está em lugar algum. E o "exato momento" é uma data ou um ponto em nossa sequência temporal. É como se ela estivesse viajando sem mim, e eu dissesse, olhando para o relógio: "Será que ela está em Euston[3] agora?". Mas a menos que ela esteja avançando a sessenta segundos por minuto ao longo da mesma linha do tempo pela qual todos nós, pessoas vivas, viajamos, o que significa *agora?* Se os mortos não estão no tempo, ou não estão no nosso tipo de tempo, há alguma diferença clara, quando falamos deles, entre *era, é* e *será?*

---

[3]Terminal ferroviário central em Londres.

A anatomia de um luto

Pessoas gentis me disseram: "Ela está com Deus". Em certo sentido, isso é muito verdadeiro. Ela é, como Deus, incompreensível e inimaginável.

Mas eu acho que essa questão, por mais importante que seja em si mesma, não é, afinal de contas, muito importante em relação ao luto. Suponha que a vida terrena que ela e eu compartilhamos por alguns anos seja, na realidade, apenas a base ou o prelúdio ou a aparência terrena de dois algos inimagináveis, supracósmicos, eternos. Esses algos podem ser retratados como esferas ou globos. Onde o plano da Natureza os atravessa — isto é, na vida terrena —, eles aparecem como dois círculos (círculos são fatias de esferas). Dois círculos que se tocaram. Mas esses dois círculos, sobretudo o ponto em que se tocaram, são exatamente aquilo pelo que estou de luto, do que sinto saudades, pelo qual tenho fome. Você me diz: "Ela continua", mas meu coração e corpo estão clamando: "Volte, volte! Seja um círculo, tocando meu círculo no plano da Natureza". Mas eu sei que isso é impossível. Sei que o que quero é exatamente o que nunca poderei obter. A antiga vida, as piadas, as bebidas, as discussões, o fazer amor, a pequena e dolorosa trivialidade. Sob qualquer ponto de vista, dizer: "H. está morta" é dizer: "Tudo se foi". Faz parte do passado. E o passado é o passado, e é isso que tempo significa, e o próprio tempo é só mais um nome para a morte,

Dois

e o próprio Céu é um estado em que "as coisas antigas já passaram".[4]

Fale comigo sobre a verdade da religião, e ouvirei com prazer. Fale comigo sobre o dever da religião, e ouvirei com submissão. Mas não venha falar comigo sobre os consolos da religião, ou suspeitarei que você não entende.

A menos, é claro, que você acredite literalmente em todas aquelas coisas sobre reuniões familiares "na outra margem",[5] retratadas em termos inteiramente terrenos. Mas tudo isso é antibíblico, tudo baseado em hinos e litografias ruins. Não há uma palavra sobre isso na Bíblia. E soa falso. Nós *sabemos* que não pode ser assim. A realidade nunca se repete. A mesma coisa nunca é tirada e devolvida. Com que habilidade os espiritualistas colocam a isca no anzol! "As coisas neste lado não são tão diferentes, afinal." Há charutos no Céu, pois é disso que todos nós devemos gostar. O passado feliz restaurado.

E isso, apenas isso, é pelo que eu brado, com loucas declarações de amor e súplicas faladas ao nada no meio da noite.

---

[4]2Coríntios 5:17b.

[5]Muitos hinos referem-se à morte do cristão como um cruzar do rio — usando como base a travessia do rio Jordão pelo povo de Israel sob a liderança de Josué — após o que encontrarão amigos e familiares que já tenham morrido.

A anatomia de um luto

E pobre C. cita para mim: "Não chore como aqueles que não têm esperança".[6] Surpreende-me a forma como somos convidados a aplicar a nós mesmos palavras tão obviamente dirigidas aos que são melhores do que nós. O que Paulo diz pode confortar apenas aqueles que amam a Deus mais do que aos mortos e aos mortos mais do que a si mesmos. Se uma mãe está lamentando, não o que ela perdeu, mas o que seu filho morto perdeu, é um conforto acreditar que a criança não perdeu o fim para o qual foi criada. E é um conforto acreditar que ela mesma, ao perder sua principal ou única felicidade natural, não perdeu nada maior, que ela ainda pode ter esperança de "glorificar a Deus e desfrutá-lo para sempre".[7] Um conforto para o espírito dentro dela, eterno e voltado para Deus, mas não para sua maternidade. A felicidade especificamente materna deve ser descartada. Nunca, em nenhum lugar ou tempo, ela terá seu filho sobre os joelhos, ou dará banho nele, ou lhe contará uma história, ou planejará o futuro dele ou verá seu neto.

Dizem-me que H. está feliz agora, dizem-me que ela está em paz. O que os faz tão seguros disso? Não quero dizer que temo o pior de tudo. Suas palavras

---

[6]Referência a 1Tessalonicenses 4:17.

[7]Essa é a resposta à primeira questão do *Breve Catecismo de Westminster*: "Qual é o fim principal do homem?".

Dois

quase últimas foram: "Estou em paz com Deus". Ela nem sempre estivera. E ela nunca mentiu. E ela não era facilmente enganada, muito menos em seu próprio favor. Não quero dizer isso. Mas por que se tem tanta certeza de que toda angústia termina com a morte? Mais da metade do mundo cristão e milhões no Oriente acreditam no contrário. Como sabem que ela está "em paz"? Por que a separação (se não outra coisa), que tanto agoniza aquele que ama e fica para trás, deveria ser indolor para aquele que ama e parte?

"Porque ela está nas mãos de Deus." Mas, se for assim, ela esteve nas mãos de Deus o tempo todo, e eu vi o que elas fizeram com H. aqui. Elas se tornam repentinamente mais gentis conosco no momento que deixamos o corpo? E se sim, por quê? Se a bondade de Deus é incoerente com nos ferir, então ou Deus não é bom ou não existe Deus, pois na única vida que conhecemos, ele nos fere além de nossos piores medos e além de tudo o que podemos imaginar. Se ela for coerente com nos ferir, então ele pode nos ferir depois da morte de forma tão insuportável quanto antes.

Às vezes é difícil não dizer: "Deus, perdoa a Deus". Às vezes é difícil dizer tanto. Mas, se nossa fé é verdadeira, ele não o fez. Ele crucificou a si mesmo.

Diga lá, o que ganhamos com as evasões? Estamos aprisionados e não podemos escapar. A realidade, vista com firmeza, é insuportável. E como ou por que tal realidade floresceu (ou apodreceu) aqui e ali no terrível fenômeno chamado consciência? Por que produziu coisas como nós, que podemos vê-la e, ao vê-la, recuamos com repugnância? Quem (ainda mais estranho) quer vê-la e se esforça para descobri-la, mesmo quando nenhuma necessidade o obriga e mesmo que vê-la provoque uma chaga incurável no coração? Pessoas como H., que querem a verdade a qualquer preço.

Se H. "não é", então ela nunca foi. Eu confundi uma nuvem de átomos com uma pessoa. Não existem, e nunca existiram, quaisquer pessoas. A morte apenas revela o vazio que sempre esteve aqui. O que chamamos de vivos são simplesmente aqueles que ainda não foram desmascarados. Todos igualmente falidos, mas alguns ainda não declarados.

Mas isso deve ser um absurdo: o vazio revelado a quem? Falência declarada a quem? A outras caixas de fogos de artifício ou nuvens de átomos. Nunca vou acreditar — mais estritamente, não posso acreditar — que um conjunto de eventos físicos possa ser, ou cometer, um erro em relação a outros conjuntos.

Não, meu medo real não é com respeito ao materialismo. Se fosse verdade, nós — ou o que confundimos com "nós" — poderíamos escapar, sair dessa condição cativa. Uma superdose de pílulas para dormir bastaria.

Dois

Tenho mais medo de sermos ratos em uma ratoeira. Ou, pior ainda, ratos em um laboratório. Alguém disse, eu acredito, "Deus é o grande geômetra",[8] supondo que a verdade fosse "Deus é o grande vivisseccionista"?

Mais cedo ou mais tarde, devo enfrentar a questão em termos simples. Que razão temos, exceto nossos próprios desejos desesperados, para acreditar que Deus é, por qualquer padrão que possamos conceber, "bom"? Todas as evidências *prima facie*[9] não sugerem exatamente o oposto? O que devemos contrapor a isso?

Colocamos Cristo contra isso. Mas e se ele estivesse enganado? Suas quase últimas palavras podem ter um significado perfeitamente claro. Ele descobriu que o Ser a quem chamava de Pai era horrível e infinitamente diferente do que supunha. A armadilha, tão longa e cuidadosamente preparada e tão sutilmente dissimulada, foi, por fim, manifesta na cruz. A vil brincadeira de mau gosto deu certo.

O que sufoca cada oração e cada esperança é a memória de todas as orações que H. e eu fizemos e todas as falsas esperanças que tínhamos. Não esperanças

---

[8]Frase atribuída ao filósofo grego Platão (c. 428 a.C.—c. 347 a.C.), citada por Plutarco (c. 46—120), historiador e filósofo grego, em sua obra *Quaestiones Convivales*.
[9]Latim: "à primeira vista". Implica aquilo que pode ser constatado de imediato.

criadas apenas por nosso próprio pensamento positivo, mas esperanças encorajadas, até mesmo impostas sobre nós, por falsos diagnósticos, por chapas de raios X, por estranhas remissões, por uma recuperação temporária que poderia ter sido considerada um milagre. Passo a passo, fomos "conduzidos pelo caminho do jardim".[10] Vez após vez, quando Deus parecia mais gracioso, ele estava, na verdade, preparando a próxima tortura.

Eu escrevi isso ontem à noite. Foi mais um grito do que um pensamento. Deixe-me tentar de novo. É racional acreditar em um Deus mau? Enfim, em um Deus tão ruim assim? O Sádico Cósmico, o desprezível imbecil?

Acho que isso é, senão outra coisa, muito antropomórfico. Quando você pensa desse modo, é muito mais antropomórfico do que imaginá-lo como um velho rei sério com uma longa barba. Essa imagem é um arquétipo junguiano. Ela liga Deus a todos os velhos reis sábios dos contos de fadas, a profetas, sábios, mágicos. Embora seja (formalmente) a imagem de um homem, ela sugere algo mais do que humanidade. No mínimo, traz a ideia de algo mais velho do que você, algo que sabe mais, algo que você não consegue sondar. Essa imagem preserva

---

[10]Conservamos a expressão idiomática por sua poesia e pelo contraste que oferece com a amargura dos sentimentos do autor. Ela significa "ser enganado, ser levado a acreditar em algo que não é verdade".

o mistério. Portanto, há lugar para esperança. Portanto, há lugar para um pavor ou espanto que não precisam ser mero medo de travessuras de um desprezível potentado. Mas o quadro que eu estava construindo ontem à noite é apenas o quadro de um homem como S.C., o qual costumava se sentar a meu lado no jantar e me dizer o que tinha feito com os gatos naquela tarde. Agora, um ser como S. C., por mais expandido que seja, não poderia inventar nem criar, nem governar nada. Ele preparava armadilhas e tentava enganá-los. Mas ele nunca teria pensado em iscas como o amor, ou o riso, ou narcisos ou um pôr do sol na neve. *Ele* fez um universo? Ele não podia fazer uma piada, ou uma reverência, ou um pedido de desculpas, ou um amigo.

Ou seria possível introduzir seriamente a ideia de um Deus mau, por assim dizer, pela porta dos fundos, por meio de uma espécie de calvinismo extremo? Você poderia dizer que somos caídos e depravados. Somos tão depravados que nossas ideias de bondade nada valem; ou são pior do que nada: o próprio fato de pensarmos algo bom é uma evidência presumível de que isso, na verdade, é ruim. Mas Deus tem, de fato — nossos piores temores são verdadeiros —, todas as caracterís-ticas que consideramos ruins: irracionalidade, vaidade, índole vingativa, injustiça, crueldade. Mas todos esses pontos obscuros (como nos parecem) são, na realidade,

A anatomia de um luto

cristalinos. É apenas nossa depravação que faz com que pareçam obscuros para nós.

E daí? Isso, para todos os propósitos práticos (e especulativos), risca Deus do papel. A palavra *bom*, aplicada a ele, perde o sentido — como abracadabra. Não existe motivo para obedecer-lhe. Nem mesmo o temor. É verdade que temos suas ameaças e promessas. Mas por que devemos acreditar nelas? Se a crueldade, do ponto de vista dele, é "boa", mentir também pode ser "bom". Mesmo que suas ameaças e promessas sejam verdadeiras, o que pode acontecer? Se suas ideias sobre o bem são tão diferentes das nossas, o que ele chama de Céu pode muito bem ser o que deveríamos chamar de Inferno, e vice-versa. Por fim, se a realidade em sua própria raiz é tão sem sentido para nós — ou, colocando de outra forma, se somos tão imbecis —, qual é o sentido de tentar pensar sobre Deus ou sobre qualquer outra coisa? Esse nó se desfaz quando você tenta apertá-lo.

Por que deixo espaço em minha mente para tal imundície e desatino? Espero que, se o sentimento se disfarçar de pensamento, eu o sinta menos? Não são todas essas notas as contorções mentais sem sentido de um homem que não aceita o fato de que não há nada que possamos fazer com o sofrimento, exceto sofrê-lo? Que ainda pensa que existe algum dispositivo (se ao menos pudesse encontrá-lo) que fará com que a dor não

Dois

seja dor. Não importa nem um pouco se você agarra os braços da cadeira do dentista ou se deixa as mãos no colo: a broca segue atuando.

E o luto ainda se parece com o medo. Talvez, mais estritamente, com o suspense. Ou com a espera: passando o tempo apenas na espera de que algo aconteça. Isso dá à vida uma impressão de algo permanentemente provisório. Não parece valer a pena começar coisa alguma. Eu não consigo me acalmar. Eu bocejo, remexo-me, fumo demais. Até agora, sempre tive muito pouco tempo. Agora, não há nada além de tempo. Tempo quase puro, vazia sucessividade.

Uma só carne. Ou, se preferir, um só navio. O motor de estibordo se foi. Eu, o motor de bombordo, devo seguir em frente de alguma forma até chegarmos ao porto. Ou melhor, até o fim da jornada. Como posso presumir um porto? Uma costa de sota-vento,[11] mais provavelmente, uma noite escura, uma tempestade ensurdecedora, ondas arrebentando à frente — e todas as luzes vistas na terra provavelmente são agitadas por saqueadores. Assim foi a ancoragem de H. Assim foi a de minha mãe. Eu falo de sua ancoragem, não de sua chegada.

---

[11]Estibordo: lado direito do navio, olhando-se da ré para frente. Bombordo: o lado esquerdo. Sota-vento: lado para onde vai o vento.

Três

Não é verdade que estou sempre pensando em H. Trabalho e conversas tornam isso impossível. Mas os momentos em que não estou, talvez sejam os meus piores. Pois então, embora eu tenha esquecido o motivo, há, espalhada em tudo, uma vaga sensação de que algo está errado, de algo defeituoso. Como naqueles sonhos em que nada terrível ocorre — nada que soaria nem mesmo fora do comum se você o contasse durante o café da manhã —, mas a atmosfera, o sabor da coisa toda é de morte. Ocorre o mesmo aqui. Vejo as bagas de sorveira avermelhando e, por um momento, ignoro por que elas, entre todas as coisas, deveriam ser deprimentes. Eu ouço o relógio soar as horas, e alguma qualidade que sempre existiu naquele som se foi. O que há de errado com o mundo que o deixou tão sem graça, com uma aparência gasta e antiquada? Então, eu me lembro.

A anatomia de um luto

Essa é uma das coisas de que tenho medo. As agonias, os momentos loucos no meio da noite, devem, no curso da natureza, morrer. Mas o que virá depois? Apenas essa apatia, essa planicidade morta? Será que vai chegar um momento em que não perguntarei mais por que o mundo é como um beco escuro e perigoso por já considerar a miséria como normal? A dor finalmente se transforma em tédio mesclado com uma leve náusea?

Sentimentos, e sentimentos, e sentimentos. Deixe-me tentar um pensamento, em vez disso. Do ponto de vista racional, que novo fator a morte de H. trouxe para o problema do universo? Que base ela me deu para duvidar de tudo aquilo em que acredito? Eu já sabia que essas coisas, e piores, aconteciam diariamente. Eu diria que as levei em consideração. Fui advertido — adverti a mim mesmo — para não contar com a felicidade mundana. Sofrimentos nos foram até mesmo prometidos. Eles faziam parte do programa. Foi-nos dito: "Bem-aventurados os que choram",[1] e eu aceitei. Não há nada que eu não tenha tentado negociar. Claro que é diferente quando a coisa acontece com a própria pessoa, não com os outros, e na realidade, não na imaginação. Sim, mas, para um homem são, deveria fazer tanta diferença assim? Não. E também não o faria para um

---

[1]Mateus 5:4.

Três

homem cuja fé era a fé verdadeira e cuja preocupação pelas tristezas das outras pessoas era uma preocupação real. O caso é muito claro. Se minha casa desabou com um golpe, é porque era um castelo de cartas. A fé que "levou essas coisas em consideração" não era fé, mas imaginação. O levar em consideração não era verdadeira compaixão. Se eu realmente me importasse, como pensava me importar, com as tristezas do mundo, não teria ficado tão oprimido quando minha própria tristeza chegou. Era uma fé imaginária, brincando com fichas inócuas chamadas "Doença", "Dor", "Morte" e "Solidão". Eu achei que confiava na corda até que foi importante saber se ela me suportaria. Agora importa, e percebi que eu não confiava.

Jogadores de *bridge* me dizem que é preciso haver algum dinheiro envolvido no jogo, "ou então as pessoas não o levarão a sério". Aparentemente, é assim que funciona. Sua aposta — em Deus ou não, em um Deus bom ou em um Sádico Cósmico, na vida eterna ou não — não será séria se nada está em jogo. E você nunca descobrirá quão séria ela era enquanto as apostas não se tornarem terrivelmente altas, enquanto você não descobrir que não está jogando pelas fichas ou por alguns trocados, mas por cada centavo que você tem no mundo. Nada menos demoverá um homem — ou pelo menos um homem como eu — de seu pensamento meramente

A anatomia de um luto

verbal e de suas crenças meramente nocionais. Ele tem de ser nocauteado antes de cair em si. Apenas a tortura revelará a verdade. Somente sob tortura ele mesmo a descobre.

E devo admitir com certeza — H. teria me forçado a admitir em poucas jogadas — que, se minha casa fosse um castelo de cartas, quanto mais cedo fosse derrubada, melhor. E só o sofrimento poderia fazer isso. Mas, então, o Sádico Cósmico e o Grande Vivisseccionista se torna uma hipótese desnecessária.

Essa última nota seria um sinal de que sou incurável, de que quando a realidade despedaça meu sonho, fico lastimando e rosno enquanto dura o choque inicial e, então, pacientemente, idiotamente, começo a montá-lo de novo? E sempre assim? Por mais que o castelo de cartas caia, devo começar a reconstruí-lo? É isso que estou fazendo agora?

Na verdade, é bastante provável que o que chamarei, se acontecer, de "restauração da fé" acabe sendo apenas mais um castelo de cartas. E não saberei se é ou não até que venha o próximo golpe; quando, digamos, uma doença fatal seja diagnosticada em meu corpo também, ou uma guerra comece ou eu me arruíne por algum medonho erro em meu trabalho. Mas existem duas questões aqui. Em que sentido isso poderia ser um castelo de cartas? Seria porque as coisas em que

Três

acredito são apenas um sonho, ou porque apenas sonho que acredito nelas?

Quanto às coisas em si, por que os pensamentos que tive há uma semana deveriam ser mais confiáveis do que os melhores pensamentos que tenho agora? Com certeza, eu sou, de modo geral, um homem mais são do que era antes. Por que as imaginações desesperadas de um homem atordoado — eu disse que era como levar uma pancada na cabeça — deveriam ser especialmente confiáveis?

É por não haver nenhum pensamento positivo nelas? Porque, sendo tão horríveis, é provável, portanto, que fossem mais verdadeiras? Mas existem sonhos que realizam medos, bem como sonhos que realizam desejos. E eram totalmente desagradáveis? Não. De certa forma, eu gostava deles. Estou até ciente de uma leve relutância em aceitar os pensamentos opostos. Tudo aquilo sobre o Sádico Cósmico não era tanto a expressão de pensamento quanto de ódio. Eu obtinha, com isso, o único prazer que um homem angustiado pode ter: o prazer de revidar. Era realmente apenas Billingsgate,[2]

---

[2]Billingsgate é o maior mercado de peixe do Reino Unido e, possivelmente, do mundo; portanto, trata-se de um ambiente tumultuado e de gritaria. Mas a palavra significa também "linguagem grosseiramente abusiva ou obscena, chula". Talvez Lewis a tenha usado tendo os dois significados em mente.

A anatomia de um luto

um mero abuso: "Dizer a Deus o que pensava dele". E, claro, como em toda linguagem abusiva, "o que pensava" não significa o que eu pensei que fosse verdade, mas apenas o que eu pensei que mais fosse ofendê-lo (e a seus adoradores). Esse tipo de coisa nunca é dito sem algum prazer. Tira aquilo "do peito". Você se sente melhor por um momento.

Mas o estado de espírito não é uma prova. Claro que o gato vai rosnar e chiar para o profissional, e morderá de volta se puder. Mas a verdadeira questão é se o profissional é veterinário ou vivisseccionista. A linguagem imprópria do animal não esclarece isso em nada.

E posso acreditar que Deus é um veterinário quando penso em meu próprio sofrimento. É mais difícil quando penso no sofrimento dela. O que é o luto comparado à dor física? Não importa o que os tolos digam, o corpo pode sofrer vinte vezes mais do que a mente. A mente sempre tem algum poder de evasão. Na pior das hipóteses, o pensamento insuportável apenas vai e volta, mas a dor física pode ser absolutamente contínua. O luto é como um bombardeiro voando em círculos e lançando suas bombas cada vez que o círculo é completado; a dor física é como o constante fogo de artilharia em uma trincheira na Primeira Guerra Mundial, horas a fio, sem um instante de pausa. O pensamento nunca é estático; a dor geralmente é.

Três

Que tipo de amante sou eu para pensar tanto na minha aflição e muito menos na dela? Mesmo o insano pedido — "Volta" — é totalmente para meu próprio bem. Nunca sequer questionei se um retorno assim, se fosse possível, seria bom para ela. Eu a quero de volta como um ingrediente na restauração do *meu* passado. Eu poderia ter desejado algo pior para ela? Ter passado pela morte uma vez, voltar e, então, em algum momento no futuro, experimentar todo esse processo de morte outra vez? Estêvão é chamado de primeiro mártir. Lázaro não recebeu um tratamento injusto?[3]

Eu começo a perceber. Meu amor por H. era quase da mesma qualidade que minha fé em Deus. Não vou exagerar, no entanto. Se havia algo além de imaginação na fé, ou algo além de egoísmo no amor, Deus sabe. Eu não. Pode ter havido um pouco mais; especialmente em meu amor por H. Mas mesmo isso não era o que eu pensava que fosse. Há um bom tanto de castelo de cartas com respeito a ambos.

Importa a forma como essa minha dor evolui ou o que eu faço com ela? Importa o modo com que eu me lembro de H. ou se eu realmente me lembro dela? Nenhuma dessas alternativas vai aliviar ou agravar sua angústia passada.

---

[3]Respectivamente, Atos 7 e João 11.

A anatomia de um luto

Sua angústia passada. Como posso saber se toda a angústia dela já passou? Nunca acreditei antes — pensava que fosse extremamente improvável — que a alma mais fiel pudesse saltar direto para a perfeição e a paz no momento que a morte a agarrasse pela garganta. Assumir essa crença agora seria uma ilusão com uma vingança. H. era esplêndida; uma alma reta, brilhante resistente como uma espada. Mas não era uma santa aperfeiçoada.[4] Uma mulher pecadora casada com um homem pecador; dois pacientes de Deus, ainda não curados. Sei que não há apenas lágrimas para secar, mas também manchas para limpar. A espada ficará ainda mais brilhante.

Mas, ó Deus, ternamente, ternamente. Já, mês a mês e semana a semana, tu quebravas o corpo dela na roda[5] enquanto ela ainda o usava. Isso ainda não é o suficiente?

O terrível é que, nesse assunto, um Deus perfeitamente bom dificilmente é menos temível do que um Sádico Cósmico. Quanto mais acreditamos que Deus só fere para curar, menos podemos acreditar que valha

---

[4]Referência a Hebreus 12:23.

[5]Referência ao instrumento de tortura (chamado também de roda de despedaçamento ou roda de Santa Catarina) em que o condenado era amarrado e tinha seus membros dilacerados, ou por serem puxados com tiras de couro ou por serem quebrados com maças e martelos.

Três

a pena implorar por ternura. Um homem cruel pode ser subornado, pode se cansar de seu esporte vil, pode ter um acesso temporário de misericórdia, como os alcoólatras têm rompantes de sobriedade. Mas suponha que você esteja lutando contra um cirurgião cujas intenções são totalmente boas. Quanto mais gentil e cuidadoso ele for, mais inexoravelmente continuará cortando. Se ele ceder a suas súplicas, se parar antes que a operação seja concluída, toda a dor até aquele ponto terá sido inútil. Mas é crível que tais extremos de tortura sejam necessários para nós? Bem, faça sua escolha. As torturas ocorrem. Se fossem desnecessárias, então, Deus não existe ou é mau. Se existe um Deus bom, então essas torturas são necessárias, pois nenhum Ser moderadamente bom as poderia infligir ou permitir se elas fossem desnecessárias.

De qualquer forma, estamos encrencados.

O que as pessoas querem dizer ao falar: "Não tenho medo de Deus, porque sei que ele é bom"? Elas nunca foram ao dentista?

No entanto, isso é insuportável. E então alguém balbucia: "Se eu, ao menos, pudesse suportar isso, ou o pior disso, ou qualquer porção disso, no lugar dela". Mas não se pode dizer o quão séria essa declaração é, pois nada está em jogo. Se isso, de repente, se tornasse uma possibilidade real, então, pela primeira vez,

A anatomia de um luto

descobriríamos o quão seriamente estávamos falando. Mas seria permitido?

Foi permitido a Alguém, disso somos informados, e descobri que agora posso acreditar de novo, que ele fez vicariamente tudo o que pode ser feito. Ele responde ao nosso murmúrio: "Vocês não podem e não se atrevem. Eu pude e me atrevi".

Algo bastante inesperado aconteceu. Foi esta manhã, cedo. Por várias razões, nada misteriosas em si mesmas, meu coração estava mais leve do que há muitas semanas. Por um lado, suponho que eu esteja me recuperando fisicamente de uma grande dose de mera exaustão. E eu tive doze horas muito cansativas, mas muito saudáveis, no dia anterior, e uma noite de sono mais profundo; e depois de dez dias de céus cinzentos, nuvens baixas e uma umidade quente e estática, o sol brilhava e soprava uma brisa amena. E de repente, no exato momento em que, até agora, eu menos lamentei por H., tive a melhor lembrança dela. Na verdade, era algo (quase) melhor do que a memória: uma impressão instantânea e irrespondível. Dizer que foi como uma reunião é ir longe demais. No entanto, havia algo ali que tentaria alguém a usar essas palavras. Foi como se a suspensão da tristeza removesse uma barreira.

Por que ninguém me disse essas coisas? Com que facilidade eu poderia ter julgado mal outro homem na

Três

mesma situação? Eu poderia ter dito: "Ele superou isso. Ele esqueceu a esposa", quando a verdade era: "Ele se lembra mais dela *porque*, em parte, superou isso".

Era o caso. E acredito que posso entender. Você não consegue ver nada direito enquanto seus olhos estiverem turvos de lágrimas. Você não pode, com relação à maioria das coisas, conseguir o que quer se quiser desesperadamente: de qualquer maneira, você não tirará o melhor proveito disso. "Agora! Vamos ter uma conversa de verdade" reduz todos ao silêncio. "Eu *preciso* dormir bem esta noite" conduz a horas de vigília. Bebidas deliciosas são desperdiçadas em uma sede muitíssimo ávida. Semelhantemente, é a própria intensidade do desejo que puxa a cortina de ferro, fazendo-nos sentir que estamos olhando para o vácuo quando pensamos em nossos mortos? "Todo o que pede" (de qualquer forma até "importunar") não recebe.[6] Talvez não possa.

E assim, talvez, com relação a Deus. Aos poucos, comecei a sentir que a porta não está mais fechada e trancada. Foi minha louca necessidade que a bateu na minha cara? O momento em que não há nada mais na alma, exceto um grito de socorro, talvez seja exatamente o momento em que Deus não pode atendê-lo: você é

---

[6]Lucas 18:1-5. [a ironia do "pedir e "não receber" em contraposição a esse texto.]

A anatomia de um luto

como o homem que está se afogando e não pode ser ajudado porque aperta e agarra. Talvez seus gritos reiterados o tenham ensurdecido para a voz que esperava ouvir.

Por outro lado: "Batam e a porta lhes será aberta".[7] Mas bater significa esmurrar e chutar a porta como um louco? E há também: "A quem tem será dado".[8] Afinal, deve-se ter capacidade para receber, ou nem mesmo a onipotência poderá dar. Talvez sua própria paixão destrua temporariamente essa capacidade.

Pois todos os tipos de erros são possíveis quando você está lidando com Deus. Muito tempo atrás, antes de nos casarmos, H. foi assombrada uma manhã inteira, enquanto realizava seu trabalho, pela obscura sensação de Deus (por assim dizer) "a seu lado", exigindo-lhe atenção. E, é claro, não sendo uma santa aperfeiçoada, ela teve a sensação de que se tratava, como geralmente é o caso, de algum pecado do qual não se arrependera ou de algum dever tedioso. Por fim, ela cedeu — eu sei como é ficar adiando — e enfrentou-o. Mas a mensagem era: "Eu quero *dar* uma coisa a você", e ela imediatamente ficou feliz.

Acho que estou começando a entender por que o luto parece suspense. Isso decorre da frustração de

---

[7]Mateus 7:7.
[8]Mateus 13:12.

Três

tantos impulsos que se tornaram habituais. Pensamento após pensamento, sentimento após sentimento, ação após ação tinham H. como objetivo. Agora, o alvo se foi. Eu continuo com o hábito de colocar uma flecha na corda; então vem-me a lembrança e tenho de largar o arco. Muitas estradas levam o pensamento a H. Eu ponho-me a caminhar em uma delas. Mas agora há um posto de fronteira intransponível. Antes, tantas estradas; agora, tantas ruas sem saída.

Pois uma boa esposa contém muitas pessoas em si mesma. O que H. não era para mim? Ela era minha filha e minha mãe, minha aluna e minha professora, minha súdita e minha soberana; e sempre, diluindo todas essas coisas, minha fiel camarada, amiga, colega de bordo, companheira de armas. Minha mulher amada; mas, ao mesmo tempo, tudo o que qualquer homem amigo (e eu tenho bons amigos) já foi para mim. Talvez mais. Se nunca tivéssemos nos apaixonado, não teríamos, no entanto, estado sempre juntos e criado um escândalo. É a isso que eu me referia quando, em certa ocasião, elogiei-a por suas "virtudes masculinas". Mas ela logo interrompeu isso perguntando como eu gostaria de ser elogiado por minhas virtudes femininas. Foi uma boa *riposta,*[9]

---

[9]Termo da esgrima: rebater uma estocada. Daí, deriva-se ser uma contestação ou resposta com vivacidade.

A anatomia de um luto

querida. No entanto, havia algo de Amazona, algo de Pentesileia e de Camila.[10] E você, assim como eu, ficamos contentes por essas características estarem lá. Você estava feliz por eu ter reconhecido isso.

Salomão chama sua noiva de Irmã.[11] Uma mulher seria uma esposa completa a menos que, por um momento, em um estado de espírito particular, um homem se sentisse quase inclinado a chamá-la de Irmão?

"Era perfeito demais para durar", sou tentado a dizer sobre nosso casamento. Mas isso pode ter dois significados. Pode ser terrivelmente pessimista — como se Deus, mal tendo visto duas de suas criaturas felizes, impedisse que isso continuasse ("Aqui não!"). Como se ele fosse semelhante à anfitriã de uma festa do xerez[12] que separa dois convidados no momento em que eles

---

[10]Na mitologia grega, as amazonas eram uma lendária raça de mulheres guerreiras. Pentesileia foi uma de suas mais famosas rainhas. Era filha de Ares, deus da guerra, com Otreta. Socorreu os troianos durante a Guerra de Troia e foi morta por Aquiles. Na mitologia romana, Camila é filha de Métabo, rei dos volscos, tribo da Itália central. Herdou o nome da mãe. Era uma grande guerreira e hábil cavaleira.

[11]Cântico dos cânticos 4:9,10,12; 5:1,2.

[12]Tipo de evento social muito popular entre a classe média da Inglaterra nos anos 1930. Era mais simples do que o elaborado chá da tarde, e seu horário, de 17 às 19 horas, permitia que os homens comparecessem após o trabalho. Era "barato e chique", segundo uma autora da época.

Três

dão sinais de que entabularam uma boa conversa. Mas também pode significar: "Esse casamento atingiu sua perfeição adequada. Ele se tornou o que tinha de ser. Portanto, é claro, não seria prolongado". Como se Deus dissesse: "Bom; vocês dominaram esse exercício. Eu estou muito satisfeito. E agora vocês estão prontos para avançar para o próximo". Quando você tiver aprendido a fazer equações quadráticas e gostar de fazê-las, não terá mais tempo para ficar com elas. O professor leva você a prosseguir.

De fato, aprendemos e alcançamos algo. Existe, oculta ou ostentada, uma espada entre os sexos até que um pleno casamento os reconcilie. É arrogância de nossa parte chamar a franqueza, a justiça e o cavalheirismo de "masculinos" quando os vemos numa mulher; é arrogância da parte delas descrever a sensibilidade, o tato ou a ternura de um homem como "femininos". Mas também quão pobres fragmentos deformados de humanidade a maioria dos meros homens e das meras mulheres devem ser de modo a tornar plausíveis as implicações dessa arrogância. O casamento cura isso. Juntos, os dois se tornam totalmente humanos. "À imagem de Deus *os* criou".[13] Assim, por um paradoxo, essa folia de sexualidade nos leva além de nosso sexo.

---

[13]Gênesis 1:27.

A anatomia de um luto

E, então, um dos dois morre. E pensamos nisso como uma interrupção do amor; como uma dança interrompida no meio de sua execução ou uma flor com a corola tristemente partida — algo truncado e, portanto, sem sua devida forma. Penso comigo: se, como não posso deixar de suspeitar, os mortos também sentem as dores da separação (e esse pode ser um de seus sofrimentos expiatórios), então, para ambos os que se amam, e para todos os pares dos que se amam, sem exceção, a perda é uma parte universal e integral de nossa experiência de amor. Isso se segue ao casamento tão normalmente quanto o casamento se segue ao namoro ou como o outono se segue ao verão. Não é uma mutilação do processo, mas uma de suas fases; não a interrupção da dança, mas o próximo passo. A pessoa amada nos faz "sair de nós mesmos" enquanto ela está aqui. Em seguida, vem o trágico passo da dança em que devemos aprender a também sair de nós mesmos, mesmo com a remoção dessa presença corporal, amando-a em sua inteireza, e não voltando a amar nosso passado, ou nossa memória, ou nossa tristeza, ou nosso alívio da tristeza, ou nosso próprio amor.

Em retrospectiva, vejo que, há pouco tempo, eu estava muito preocupado com minhas memórias de H. e como elas poderiam se tornar falsas. Por algum motivo — o bom senso misericordioso de Deus é a única coisa em que consigo pensar — parei de me preocupar com isso. E o mais notável é que, desde que parei de me preocupar com isso, ela parece me encontrar em todos os lugares. *Encontrar* é uma palavra muito forte. Não quero dizer nada remotamente parecido com uma aparição ou uma voz. Não me refiro nem mesmo a qualquer experiência extremamente emocional em qualquer momento particular. Em vez disso, é uma espécie de sensação discreta, mas maciça, de que ela é, como sempre foi, um fato a ser levado em consideração.

"A ser levado em consideração" talvez seja uma colocação infeliz. Soa como se ela fosse uma mulher belicosa. Como posso me expressar melhor? Dizendo que é "momentaneamente real" ou "obstinadamente real"? É como se a experiência me dissesse: "Você está, na verdade, em extremo feliz por H. ainda ser um fato. Mas lembre-se de que ela seria igualmente um fato, quer você gostasse, quer não. Suas preferências não foram sequer levadas em consideração".

Quão longe eu fui? Até onde, eu acho, iria um viúvo do tipo que pararia, apoiado na pá,[14] e diria em resposta à nossa pergunta: "Obrigado. Não devo resmungar. Eu sinto mesmo muita falta dela. Mas os outros dizem

---

[14]Talvez indicando alguém que acabou de sepultar a esposa.

A anatomia de um luto

que essas coisas são enviadas para nos provar". Chegamos ao mesmo ponto: ele com sua pá, e eu, que agora não sou muito bom em trabalhar com pá, com minha própria ferramenta.[15] Mas, é claro, é preciso conduzir o "enviadas para nos experimentar" ao correto significado. Deus não tem feito experiências com minha fé ou com meu amor a fim de descobrir a qualidade que possuem. Ele já a conhecia. O desconhecimento era meu. Nessa provação, ele nos faz ocupar o banco dos réus, o banco das testemunhas e o assento dos juízes ao mesmo tempo. Ele sempre soube que meu templo era um castelo de cartas. A única maneira que ele tinha de me fazer perceber esse fato era derrubando-o.

Recuperando-se tão cedo? Mas as palavras são ambíguas. Dizer que o paciente está se recuperando após uma operação de apendicite é uma coisa; depois de ter a perna amputada, é outra, completamente diferente. Depois dessa operação, o coto ferido sara ou o homem morre. Se sarar, a dor intensa e contínua cessará. Em breve, ele recuperará a força e será capaz de andar pesadamente por aí com sua perna de pau. Ele se "recuperou disso". Mas provavelmente terá dores recorrentes no coto a vida toda, e talvez bastante fortes; e ele sempre será um

---

[15]Isto é, a caneta, a escrita.

Três

homem de uma perna só. Muito dificilmente haverá um momento em que ele se esquecerá disso. Tomar banho, vestir-se, sentar-se e levantar-se novamente, mesmo deitar-se na cama: tudo será diferente. Todo o seu jeito de viver será mudado. Todos os prazeres e as atividades que antes considerava naturais terão de ser simplesmente descartados. Deveres também. No momento, estou aprendendo a andar de muletas. Talvez eu receba em breve uma perna de pau. Mas eu nunca serei um bípede de novo.

Ainda assim, não há como negar que, em certo sentido, eu "me sinto melhor" e, com isso, vem ao mesmo tempo uma espécie de vergonha, e um sentimento de que se tem uma espécie de obrigação de afagar e fomentar e prolongar a própria infelicidade. Já li sobre isso em livros, mas nunca sonhei que eu mesmo me sentiria assim. Tenho certeza de que H. não aprovaria. Ela me diria para não ser idiota. O mesmo, estou bem certo, diria Deus. O que está por trás disso?

Em parte, sem dúvida, vaidade. Queremos provar a nós mesmos que somos aqueles que amam em grande escala, heróis de tragédias; não apenas soldados rasos comuns no enorme exército de enlutados, empreendendo uma viagem longa e árdua e fazendo o melhor que podem em um trabalho ruim. Mas isso não explica tudo.

A anatomia de um luto

Acho que há também uma confusão. Não queremos realmente que o luto, em suas primeiras agonias, se prolongue: ninguém poderia fazê-lo. Mas queremos mais daquilo de que o luto é um sintoma frequente, e então confundimos o sintoma com a própria coisa. Eu escrevi outra noite que a perda não é a ruptura do amor conjugal, mas uma de suas fases regulares, como a lua de mel. O que queremos é viver o casamento bem e fielmente também durante essa fase. Se ele nos machucar (e certamente machucará), aceitaremos as dores como parte necessária dessa fase. Não queremos escapar delas ao preço da deserção ou do divórcio. Matando os mortos uma segunda vez. Éramos uma só carne. Agora que ela foi cortada em dois, não queremos fingir que a carne está inteira e completa. Ainda estaremos casados, ainda apaixonados. Portanto, ainda sofreremos. Mas não estamos, de forma alguma — se entendemos a nós mesmos —, buscando as dores por elas mesmas. Quanto menos delas, melhor, desde que o casamento seja preservado. E quanto mais alegria puder haver no casamento entre mortos e vivos, melhor.

Melhor em todos os sentidos. Pois, como descobri, o luto apaixonado não nos liga aos mortos, mas nos separa deles. Isso está cada vez mais claro. É justamente nesses momentos que sinto menos tristeza — meu banho matinal geralmente é um deles —, quando H. toma

Três

minha mente de assalto em sua plena realidade, em sua alteridade. Não, como em meus piores momentos, condensada, enternecida e solenizada por minhas misérias, mas como ela é por si própria. Isso é bom e revigorante.

Parece que me lembro — embora não consiga citar nesse momento — de todo tipo de baladas e de contos populares em que os mortos dizem que nosso luto lhes causa algum tipo de mal. Eles imploram para que paremos. Pode haver muito mais profundidade nisso do que eu pensava. Se for assim, a geração de nossos avós se extraviou muito. Todo aquele ritual (às vezes ao longo da vida) de lamúria — visitar túmulos, guardar aniversários, deixar o quarto vazio exatamente como "o falecido" costumava mantê-lo, nunca mencionar os mortos ou sempre mencioná-los com uma voz especial, ou mesmo (como a rainha Vitória) trajar roupa de luto para jantar todas as noites[16] — era como mumificação. Isso tornava os mortos muito mais mortos.

---

[16]Vitória (1819—1901), rainha do Reino Unido e da Irlanda, amava profundamente Francisco Alberto Augusto Carlos Emanuel (1819—1861), com quem casou em 1841. Alberto morreu de febre tifoide. Vitória ficou profundamente entristecida e culpou o filho, o príncipe Eduardo, de Gales, por isso: Alberto havia tido uma profunda decepção com o filho ao saber que ele teria se relacionado intimamente com uma atriz na Irlanda. Vitória ficou de luto e usou roupas pretas até o fim da vida.

A anatomia de um luto

Ou era esse (inconscientemente) seu propósito? Talvez algo muito primitivo esteja em ação aqui. Manter os mortos completamente mortos, para ter certeza de que eles não voltarão de modo sorrateiro para os vivos, é uma preocupação importante da mente selvagem. A todo custo, deve-se fazer com que eles "fiquem onde estão". Certamente, os rituais, de fato, enfatizam seu estado de morte. Talvez o resultado não tenha sido de todo tão indesejado, nem sempre, como os ritualistas acreditavam.

Mas não tenho de julgar essas pessoas. São tão somente suposições; é melhor poupar o fôlego para esfriar meu mingau. Para mim, de qualquer forma, o plano é simples: vou recorrer a ela tão frequentemente quanto possível com alegria. Vou até saudá-la com uma risada. Quanto menos eu lamentar por ela, mais perto pareço estar.

Um plano admirável. Infelizmente, ele não pode ser realizado. Esta noite, todos os infernos do luto recente se abriram novamente; as palavras loucas, o ressentimento amargo, a agitação no estômago, a irrealidade do pesadelo, o desmanchar-me em lágrimas. Pois, no luto, nada "fica onde está". Continuamos saindo de uma fase, mas ela sempre se repete. Voltas e voltas. Tudo se repete. Estou andando em círculos ou ouso esperar estar em uma espiral?

Três

Mas, se for uma espiral, estou subindo ou descendo?

Com que frequência — será para sempre? —, com que frequência o vasto vazio me deixará atônito como se ele fosse uma novidade completa e me fará dizer: "Nunca percebi minha perda até este momento"? A mesma perna é cortada vez após vez. A primeira cravada da faca na carne é sentida repetidamente.

As pessoas dizem: "Muito antes de morrer, morre o covarde";[17] o mesmo acontece com o amado. A águia não encontrava um fígado fresco para arrancar em Prometeu toda vez que comia?[18]

---

[17]Fala de César do drama *Júlio César*, de William Shakespeare. Ato II, Cena II, pág. 200. Tradução de Carlos Alberto Nunes.
[18]Na mitologia grega, Prometeu era filho de Ásia e Jápeto e criador da raça humana. Por ter roubado o fogo de Zeus e tê-lo dado aos homens, foi acorrentado a uma rocha, e uma águia devorava-lhe o fígado durante o dia. Como Prometeu era imortal, esse seu órgão se regenerava à noite.

Quatro

Este é o quarto — e último — caderno de manuscrito vazio que pude encontrar na casa; pelo menos quase vazio, pois há algumas páginas de aritmética muito antiga no final escritas por J. Decidi deixá-las limitar minhas anotações. *Não vou* começar a comprar cadernos para esse propósito. Na medida em que este registro foi uma defesa contra o colapso total, uma válvula de escape, ele fez algum bem. O outro objetivo que eu tinha em vista era baseado em um mal-entendido. Achei que poderia descrever um *estado*, fazer um mapa da tristeza. A tristeza, entretanto, não é um estado, mas um processo. Ela não precisa de um mapa, mas de uma história, e, se eu não parar de escrever essa história em algum ponto bastante arbitrário, jamais haverá razão para eu parar. Há algo novo a ser narrado todos os dias. O luto é como um longo vale, um vale sinuoso onde qualquer curva pode revelar uma paisagem totalmente

A anatomia de um luto

nova. Como já observei, nem toda curva o faz. Às vezes, a surpresa é o oposto: você é apresentado exatamente ao mesmo tipo de campo que pensava ter deixado quilômetros atrás. Nesse momento, você se pergunta se o vale não é uma trincheira circular. Mas não é. Existem recorrências parciais, mas a sequência não se repete.

Aqui, por exemplo, há uma nova fase, uma nova perda. Faço todas as caminhadas que posso, pois seria um tolo se fosse para a cama quando não estivesse cansado. Hoje revisitei velhos lugares, fazendo uma das longas caminhadas que me deixavam tão feliz em meus dias de solteiro.[1] E desta vez, a face da natureza não foi esvaziada de sua beleza, e o mundo não parecia (como eu reclamei há alguns dias) um beco escuro e perigoso. Pelo contrário, cada horizonte, cada escada ou grupo de árvores me convocava a um tipo de felicidade do passado, minha felicidade pré-H. Mas o convite me parecia horrível. A felicidade para a qual fui convidado era insípida. Percebo que não quero voltar e ser feliz *daquela* forma. Assusta-me pensar que um mero retorno seja possível. Pois este destino me pareceria o pior de todos: alcançar um estado em que meus anos de amor e casamento

---

[1]Há muitos relatos sobre essas caminhadas. Ver, por exemplo, *Todo meu caminho diante de mim* (Rio de Janeiro: Thomas Nelson Brasil, 2020).

Quatro

assemelhar-se-iam, em retrospecto, a um episódio fascinante, como um feriado, que interrompera brevemente minha vida interminável e me devolvera à normal, inalterada. E pareceria irreal — algo tão estranho à tessitura usual de minha história que quase poderia acreditar que havia acontecido com outra pessoa. Assim, H. morreria para mim uma segunda vez; uma perda pior do que a primeira. Qualquer coisa menos isso.

Você sabe, querida, o quanto levou consigo quando foi embora? Você me despojou até mesmo do meu passado, até mesmo das coisas que nunca compartilhamos. Eu estava errado em dizer que o coto estava se recuperando da dor da amputação. Eu me enganei, pois há tantas maneiras de me machucar que as descubro apenas uma por uma.

Ainda assim, existem dois ganhos enormes — eu me conheço muito bem agora e, por isso, posso chamá-los de "duradouros". Voltada para Deus, minha mente não encontra mais aquela porta trancada; voltada para H., não encontra mais aquele vácuo nem toda aquela preocupação exagerada sobre minha imagem mental dela. Minhas anotações mostram algo do processo, mas não tanto quanto eu esperava. Talvez ambas as mudanças não fossem realmente observáveis. Não houve uma transição repentina, marcante e emocional. Foi como o aquecimento de uma sala ou o raiar do dia.

A anatomia de um luto

Quando você os percebe, eles já estão acontecendo há algum tempo.

As notas foram sobre mim, e sobre H., e sobre Deus. Nessa ordem. Exatamente na ordem e nas proporções em que não deveriam ter sido. E vejo que em nenhum lugar caí naquele modo de pensar que chamamos de louvor. No entanto, teria sido melhor para mim. Louvor é o modo de amor que sempre contém algum elemento de alegria. Louvor na devida ordem: a ele como o presenteador, a ela como o presente. De alguma forma, ao louvar, não apreciamos aquilo que louvamos, por mais distantes que estejamos dele? Devo fazer isso mais vezes. Perdi a fruição que outrora tive de H. E estou longe, muito longe, no vale de minha dessemelhança, da fruição que, se suas misericórdias são infinitas, eu tive, em algum momento, de Deus. Mas, ao louvar, ainda posso, em algum grau, desfrutar de H., e já, em algum grau, desfrutar de Deus. Melhor que nada.

Mas talvez me falte o presente. Vejo que descrevi H. como sendo uma espada. É verdade até onde é possível. Mas é totalmente inadequado por si só, e enganoso. Eu deveria ter equilibrado a ideia. Deveria ter dito: "Mas também como um jardim. Como um labirinto de jardins, parede dentro de parede, cerca viva dentro de cerca viva, cada vez mais secreto, mais cheio de vida perfumada e fértil à medida que você avança".

Quatro

E então, dela e de cada coisa criada que louvo, eu deveria dizer: "De alguma forma, de sua maneira única, como Aquele que as fez".

Assim, avanço do jardim ao Jardineiro, da espada ao Ferreiro. À Vida vivificante e à Beleza que faz belezas.

"Ela está nas mãos de Deus." Isso ganha uma nova energia quando penso nela como uma espada. Talvez a vida terrena que compartilhei com ela fosse apenas parte da têmpera. Agora, talvez, Deus cerre nela o punho; pese a nova arma; trace relâmpagos com ela no ar. "Uma reta lâmina de Jerusalém."[2]

Um momento da noite passada pode ser descrito por meio de comparações; caso contrário, não poderá ser transcrito em linguagem. Imagine um homem em total escuridão. Ele pensa que está em um porão ou em uma masmorra. Então, surge um som. Ele acha que pode ser um som vindo de algum lugar distante: ondas ou árvores sopradas pelo vento, ou um rebanho a um quilômetro de distância. Se for isso, é prova de que ele não está em um porão, mas livre, ao ar livre. Ou pode ser um som mais fraco, próximo: uma risada. Se for isso, há um amigo bem ao lado dele no escuro. De qualquer forma, um bom, bom som. Não sou louco o suficiente para tomar tal experiência como prova de alguma coisa.

---

[2]Alusão feita por John Bunyan à Bíblia em *A peregrina*.

A anatomia de um luto

É simplesmente o salto para a atividade imaginativa de uma ideia que sempre admiti teoricamente: a ideia de que eu, ou qualquer mortal em qualquer época, possa estar totalmente enganado quanto à situação em que se está de fato.

Cinco sentidos; um intelecto incuravelmente abstrato; uma memória acidentalmente seletiva; um conjunto de preconceitos e suposições tão numerosos que nunca poderei examinar mais do que uma minoria deles — nunca me tornarei nem mesmo consciente de todos eles. Quanto da realidade total esse sistema pode deixar passar?

Não irei, se puder evitar, subir na árvore emplumada ou na espinhosa. Duas convicções muitíssimo diferentes pressionam cada vez mais minha mente. Uma é que o Eterno Veterinário é ainda mais inexorável, e as possíveis operações ainda mais dolorosas, do que nossas mais severas fantasias podem suportar. Mas a outra é que "todos ficarão bem, e tudo ficará bem, e todas as coisas ficarão bem".

Não importa que todas as fotos de H. sejam ruins. Não importa — não muito — se minha memória dela é imperfeita. As imagens, no papel ou na mente, não são importantes por si mesmas. São apenas vínculos. Faça um paralelo com uma esfera infinitamente superior. Amanhã de manhã, um sacerdote vai me dar uma

Quatro

pequena hóstia redonda, fina, fria e insípida. Seria uma desvantagem — não é, de certa forma, uma vantagem — o fato de ela não simular a menor *semelhança* com aquilo a que ela me une?

Eu preciso de Cristo, não de algo que se assemelhe a ele. Eu quero H., não algo que seja como ela. Uma fotografia realmente boa pode acabar se tornando, por fim, uma armadilha, um horror e um obstáculo.

Devo supor que as imagens têm sua utilidade, ou não teriam sido tão populares. (Faz pouca diferença se são imagens e estátuas fora da mente ou construções imaginativas dentro dela.) Para mim, no entanto, o perigo é mais óbvio. Imagens do Sagrado tornam-se facilmente imagens santas — sacrossantas. Minha ideia de Deus não é uma ideia divina. Ela tem de ser despedaçada vez após vez. Ele mesmo a despedaça. Ele é o grande iconoclasta. Não poderíamos quase dizer que esse despedaçamento é uma das marcas de sua presença? A Encarnação é o exemplo supremo: ela deixa em ruínas todas as ideias anteriores sobre o Messias. E muitos ficam "ofendidos" com a iconoclastia; e bem-aventurados os que não ficam. Mas a mesma coisa acontece em nossas orações privadas.

Toda a realidade é iconoclasta. A amada terrena, mesmo nesta vida, triunfa incessantemente sobre a simples ideia que você tem dela. E você a quer assim; você

A anatomia de um luto

a quer com toda a resistência, com todos os defeitos, com toda a sua imprevisão. Ou seja, em sua realidade sem rodeios e independente. E isso, não uma imagem ou memória, é o que ainda se deve amar depois que ela morrer.

Mas "isso" agora não é imaginável. Nesse aspecto, H. e todos os mortos são como Deus. Nesse sentido, amá-la tornou-se, em sua medida, como amar a ele. Em ambos os casos, devo estender os braços e as mãos do amor — os olhos do amor não podem ser usados aqui — para a realidade, através de — para além de — todas as fantasmagorias mutáveis de meus pensamentos, de minhas paixões e fantasias. Não devo sentar-me contente com a própria fantasmagoria e adorá-la no lugar de Deus, ou amá-la no lugar de H.

Não minha ideia de Deus, mas Deus. Não minha ideia de H., mas H. Sim, e também não minha ideia de meu próximo, mas meu próximo. Pois não cometemos esse erro com frequência em relação a pessoas que ainda estão vivas, que estão conosco na mesma sala? Falamos e agimos não com o próprio homem, mas com a imagem — quase *précis*[3] — que dele fizemos em nossa mente? E ele tem de se afastar bastante antes mesmo de percebermos o fato. Na vida real — essa é uma das

---

[3]Francês: "precisa".

Quatro

maneiras em que ela se difere dos romances —, suas palavras e seus atos quase nunca são, se observarmos de perto, exatamente "característicos", isto é, condizentes com seu caráter. Ele sempre tem na mão uma carta que não conhecíamos.

A razão que tenho para supor que faço isso a outras pessoas é o fato de que, muitas vezes, eu as flagro obviamente fazendo isso comigo. Todos nós pensamos que avaliamos bem um ao outro.

E, durante todo esse tempo, posso, uma vez mais, estar construindo com cartas. E se eu estiver, Deus vai, uma vez mais, derrubar o prédio. Ele irá derrubá-lo sempre que for necessário. A menos que eu tenha de ser finalmente dado como perdido, e ser deixado no Inferno para sempre, a construir palácios de papelão; "colocado junto aos mortos".[4]

Estou, por exemplo, voltando-me para Deus apenas porque sei que, se há alguma estrada para H., ela passa por ele? Mas é claro que sei perfeitamente bem que ele não pode ser usado como estrada. Se você se aproxima dele não como uma meta, mas como uma estrada, não como um fim, mas como um meio, você não está, de fato, aproximando-se dele no fim das contas. É isso o que estava realmente errado com todas aquelas imagens

---

[4]Salmos 88:5.

A anatomia de um luto

populares de reuniões felizes "na outra margem"; não as imagens simplórias e muito terrenas, mas o fato de que elas fazem um Fim daquilo que podemos ter apenas como um subproduto do verdadeiro Fim.

Senhor, são esses os teus verdadeiros termos? Só poderei encontrar H. novamente se aprender a amar-te tanto que não importará se a encontrarei ou não? Considera, Senhor, o que isso nos parece. O que alguém pensaria de mim se eu dissesse aos meninos: "Sem balas de leite agora. Mas, quando você crescer e não quiser mais chupar balas de leite, terá quantas quiser"?

Se eu soubesse que estar eternamente separado de H. e ser eternamente esquecido por ela acrescentaria maior alegria e esplendor ao ser dela, é claro que eu diria: "Vamos em frente!". Como se, na terra, eu pudesse tê-la curado do câncer se nunca mais a visse, eu teria providenciado para nunca mais vê-la novamente. Eu teria de fazê-lo. Qualquer pessoa decente agiria assim. Mas isso é bem diferente. Não é a situação em que estou.

Quando coloco essas perguntas diante de Deus, eu fico sem resposta. Mas um tipo bastante especial de "Sem resposta". Não é a porta trancada. É mais como um olhar fixo silencioso, certamente não incompassivo. Como se ele balançasse a cabeça, não em recusa, mas

Quatro

deixando a pergunta de lado. Como: "Calma, criança; você não entende".

Pode um mortal fazer perguntas que Deus considere irrespondíveis? Muito facilmente, eu acho. Todas as perguntas sem sentido são irrespondíveis. Quantas horas existem em um quilômetro? O amarelo é quadrado ou redondo? Provavelmente metade das perguntas que fazemos — metade de nossos grandes problemas teológicos e metafísicos — são assim.

E agora que penso nisso, não há nenhum problema prático diante de mim. Conheço os dois grandes mandamentos,[5] e é melhor prosseguir com eles. Na verdade, a morte de H. acabou com o problema prático. Enquanto ela estava viva, eu poderia, na prática, colocá-la à frente de Deus; isto é, poderia ter feito o que ela queria em vez do que ele queria se houvesse um conflito. O que resta não é um problema em relação a nada do que eu possa *fazer*. É tudo uma questão do peso de sentimentos e de motivos e esse tipo de coisa. É um problema que estou propondo a mim mesmo. Eu não acredito que Deus o tenha proposto para mim.

---

[5] "'Ame o Senhor, o seu Deus, de todo o seu coração, de toda a sua alma e de todo o seu entendimento'. Este é o primeiro e maior mandamento. E o segundo é semelhante a ele: 'Ame o seu próximo como a si mesmo'. Destes dois mandamentos dependem toda a Lei e os Profetas" (Mateus 22:37-40).

A anatomia de um luto

A fruição de Deus. Reunião com os mortos. Essas coisas só podem figurar em meu pensamento como fichas. Cheques em branco. Minha ideia — se você pode chamá-la de ideia — quanto à primeira é uma enorme e arriscada extrapolação de poucas e curtas experiências aqui na terra. Provavelmente não são experiências tão valiosas quanto eu penso. Talvez até de menor valor em relação a outras que não levo em consideração. Minha ideia quanto à segunda também é uma extrapolação. A realidade das duas — o pagamento de cada cheque — provavelmente partiria em pedacinhos todas as ideias que alguém pode ter sobre ambas (quanto mais suas ideias sobre as relações de uma com a outra).

A união mística por um lado. A ressurreição do corpo por outro lado. Não consigo obter o espectro de uma imagem, de uma fórmula ou mesmo de um sentimento que as combine. Mas a realidade, somos levados a entender, consegue. A iconoclasta realidade, mais uma vez. O Céu resolverá nossos problemas, mas não, creio eu, mostrando-nos reconciliações sutis entre todas as nossas noções aparentemente contraditórias. Todas as noções serão nocauteadas sob nossos pés. Veremos que nunca houve problema algum.

E, mais de uma vez, aquela impressão que não consigo descrever, exceto dizendo que é como o som de uma discreta risada na escuridão. A sensação de que

Quatro

alguma simplicidade despedaçadora e apaziguadora é a verdadeira resposta.

Muitas vezes pensamos que os mortos nos veem. E assumimos, de modo razoável ou não, que se eles nos veem, veem-nos mais claramente do que antes. Será que H. agora vê exatamente quanta frivolidade ou vaidade havia no que ela chamava, e eu chamo, de meu amor? Que assim seja. Procure o melhor que puder, querida. Eu não me esconderia se pudesse. Não idealizamos um ao outro. Tentamos não guardar segredos. Você já conhecia a maioria das coisas podres em mim. Se agora você vê algo pior, eu posso aceitar. E você também pode. Repreenda, explique, zombe, perdoe. Pois este é um dos milagres do amor: ele dá — a ambos, mas talvez especialmente à mulher — um poder de ver através dos próprios encantos e, ainda assim, não se desencantar.

Ver, em certa medida, como Deus. Seu amor e seu conhecimento não são distintos um do outro, nem dele. Quase poderíamos dizer que ele vê porque ama e, portanto, ama embora veja.

Às vezes, Senhor, somos tentados a dizer que, se tu quisesses que nos comportássemos como os lírios do campo, tu poderias nos ter dado uma organização mais parecida com a deles. Mas, suponho, é apenas teu grande experimento. Ou não; não é um experimento, pois tu não precisas descobrir as coisas. Em vez disso, é

A anatomia de um luto

teu grande empreendimento: fazer um organismo que também é um espírito; para fazer aquele oximoro terrível, um "animal espiritual". Pegar um pobre primata, uma fera com terminações nervosas por toda parte, uma criatura com um estômago que quer ser saciado, um animal reprodutor que quer sua companheira, e dizer: "Agora vá em frente. Torne-se um deus".

Eu disse, vários cadernos atrás, que mesmo se tivesse o que parecia ser uma garantia da presença de H., eu não acreditaria. Mais fácil falar do que fazer. Mesmo agora, porém, não tratarei esse tipo de coisa como prova. É a *qualidade* da experiência de ontem à noite — não o que ela prova, mas o que ela foi — que faz com que valha a pena registrá-la. Ela foi incrivelmente apática. Apenas a impressão da *mente* de H. momentaneamente ficando em frente à minha. Mente, não "alma", no sentido em que tendemos a pensar na alma. Certamente o reverso do que é chamado de "animado". Nem um pouco parecido com a arrebatadora união de pessoas que se amam. Muito mais como receber do outro um telefonema ou um telegrama sobre algum arranjo prático. Não que houvesse alguma "mensagem" — apenas inteligência e atenção. Sem sensação de alegria ou de tristeza. Nem mesmo amor, no sentido comum que lhe atribuímos. Sem desamor. Eu nunca imaginei, em qualquer ânimo em que eu estivesse, que os mortos fossem tão... bem,

Quatro

tão profissionais. No entanto, havia uma intimidade extrema e alegre. Uma intimidade que não havia passado nem pelos sentidos nem pelas emoções.

Se isso foi um elevar-se de meu inconsciente, então meu inconsciente deve ser uma região muito mais interessante do que o abismo que os psicólogos me levaram a esperar que fosse. Por um lado, é aparentemente muito menos primitivo do que minha consciência.

De onde quer que tenha vindo, fez uma espécie de limpeza geral em minha mente. Os mortos podem ser assim: puro intelecto. Um filósofo grego não ficaria surpreso com uma experiência como a minha. Ele teria esperado que, se algo de nós permanecesse após a morte, seria apenas isso. Até agora, essa sempre me pareceu uma ideia muito árida e assustadora. A ausência de emoção me repelia. Mas nesse contato (real ou aparente) nada disso ocorreu. Não precisava de emoção. A intimidade foi completa — fortemente estimulante e revigorante também — sem ela. Essa intimidade poderia ser o próprio amor — sempre nesta vida acompanhado de emoção, não porque seja em si mesmo uma emoção, ou precise de uma emoção associada, mas porque nossa alma animal, nosso sistema nervoso, nossas imaginações, têm de responder-lhe dessa maneira? Se for assim, devo descartar muitos preconceitos! Uma sociedade, uma comunhão de inteligências puras não seria fria,

A anatomia de um luto

monótona e desconfortável. Por outro lado, não seria muito parecido com aquilo que as pessoas geralmente querem dizer quando usam palavras como *espiritual* ou *místico* ou *sagrado*. Se eu tivesse tido um vislumbre, seria... bem, estou quase com medo dos adjetivos que teria de usar. Revigorante? Alegre? Perspicaz? Alerta? Intenso? Totalmente desperto? Acima de tudo, sólido. Totalmente confiável. Firme. Não há absurdos com respeito aos mortos.

Quando digo "intelecto", incluo vontade. A atenção é um ato da vontade. A inteligência em ação é a vontade *par excellence*.[6] O que parecia vir a meu encontro estava cheio de resolução.

Certa vez, muito perto do fim, eu disse: "Se você puder — se for permitido — venha até mim quando eu também estiver no meu leito de morte". "Permitido!", ela disse. "O Céu teria muito trabalho para me segurar; e, quanto ao Inferno, eu o quebraria em pedaços." Ela sabia que estava falando uma espécie de linguagem mitológica, mesmo com um elemento de comédia nela. Houve um cintilar, bem como uma lágrima, em seus olhos. Mas nenhum mito ou piada sobre a vontade, mais profunda do que qualquer sentimento, lampejou por ela.

---

[6]Francês: "por excelência".

Quatro

Mas — porque comecei a desentender um pouco menos completamente o que uma inteligência pura pode ser — eu não devo me inclinar demais sobre esse assunto. Há também, seja lá o que isso signifique, a ressurreição do corpo. Não podemos entender. O melhor talvez seja o que menos entendemos.

As pessoas já não discutiram quanto a se a visão final de Deus era mais um ato de inteligência ou de amor? Essa é provavelmente outra dentre as perguntas sem sentido.

Como seria mau, se pudéssemos, chamar os mortos de volta! Ela disse, não para mim, mas, para o capelão: "Estou em paz com Deus". Ela sorriu, mas não para mim. *Poi si tornò all' eterna fontana.*[7]

---

[7]"Lá da sublime altura, / Em que estava sorrindo-me encarou-me; / Depois voltou-se à eterna Formosura." Dante Alighieri, *A divina comédia*, Paraíso, Canto XXI, versos 91-93. Tradução de José Pedro Xavier Pinheiro.

A anatomia *de um luto*

Outros livros de C. S. Lewis pela THOMAS NELSON BRASIL

A abolição do homem
A última noite do mundo
Cartas a Malcolm
Cartas de C. S. Lewis
Cartas de um diabo a seu aprendiz
Cristianismo puro e simples
Deus no banco dos réus
George MacDonald
Milagres
O assunto do Céu
O grande divórcio
Os quatro amores
O peso da glória
O problema da dor
Reflexões cristãs
Sobre histórias
Todo meu caminho diante de mim
Um experimento em crítica literária

Trilogia Cósmica

Além do planeta silencioso
Perelandra
Aquela fortaleza medonha

Coleção fundamentos

Como cultivar uma vida de leitura
Como orar
Como ser cristão

Este livro foi impresso pela Ipsis, em 2025, para a
Thomas Nelson Brasil. O papel do miolo é pólen
bold 90g/m^2, e o da capa é couchê fosco 150g/m^2.